おそるおそる育休

西靖
MBSアナウンサー

おそるおそる育休

はじめに

こんにちは。大阪の毎日放送という放送局でアナウンサーをしている西靖《にしやすし》といいます。大阪万博の翌年、昭和四十六年生まれで現在五十一歳。まあ、そこそこおじさんです。関西で二十一年間続いた「ちちんぷいぷい」という情報番組や、夕方の報道番組を担当してきました。

プライベートでは、四十三歳のときに遅い結婚をして、二年後に一人目の男の子、さらにその二年後に二人目の男の子を授《さず》かりました。そしてさらに三年後の二〇二一年。三人目の男の子がわが家にやってきました。

タイトルからお気づきかと思いますが、わが家に三人目の子どもが生まれたときに、私は休みを取りました。五十歳に手が届こうかというタイミングでの、四カ月ほどの育児休業です。この本は、二〇二一年六月から九月までの育児休業と、その後の約一年のあいだに起こったこと、考えたことを綴《つづ》ったものです。ミシマ社のウェブマガジン「みんなのミシマガジン」に、週に一回のペースで連載していたものをベースに、読み物としてさらに楽しんでもらえるように筆を加えました。

「おそるおそる育休」というタイトルはミシマ社の社長にしてこの本の編集者、三島邦弘さんがつけてくれたのですが、おそるおそる、というのは実に言い得て妙《みょう》です。

男性が育休を取ったというと、それなりの主義主張やポリシーがあるように思われるかもしれませんが、三人目はたいへんやなぁ、ちょっと休んだほうがいいかもな、と思って育休を取ると決めたはいいものの、ふと我に返れば、え、本当に休んでいいの？　給料減るの？　役に立つの？　周りはどう思う？　帰ってきたときに会社に居場所ある？　などなど、戸惑《とまど》いまくりの恐れまくり。

育児のために仕事を休むことはサラリーマンにとっては正当な権利ですけれど、職場を長期間離れることが自分の仕事のキャリアにどんな影響を及ぼすか、考えてしまう人は少なくないのではないかと思います。マスメディアの世界にいて、それなりに世の中の流れについていっているつもりでも、根っこの部分で昭和生まれの岡山育ち、よくも悪くも古臭い価値観はどっかりと私のなかにありました。仕事を休むことについては、本当に「おそるおそる」だったのです。

それに、子どもと遊ぶのは大好きだけれど家事能力が高いとは言えない私が休んだところで、どれくらい役に立てるのか、とか、ずっと家にいて妻とのケンカが増えたりしたら、かえって家事育児の邪魔にならないかなどという、弱気かつ現実的な「おそるおそる」な気持ちもありました。

長い独身生活のときには想像もしませんでしたが、家族と暮らすということは、家のなかに知らない領域ができるということでもあります。歯ブラシのストックのありかも、洗剤の使い分け方も、オムツの購入先も、知っているようでもじっさいには私の知らないことが、家のなかにはたくさんあります。本当にここはオレの家なのかと、頭がくらくらするくらいです。

もちろん、育休を終え、職場に復帰して、今、この「はじめに」を書いている私は、育休を取ったことをまったく後悔していないどころか、心の底から、ものすごく、よかったと思っています。

では、この本は「育休のススメ」とか「ＨＯＷ ＴＯ 育休」のようなものかというと、それはまたちょっと違うのです。もちろんそんなふうに読んでいただいて、お役に立てればうれしいですけれど、なにせ休んだ本人が「おそるおそる」でしたから、そんなに偉そうなことは言えません。

でも、やっぱりお伝えしたいことはたくさんあるのです。

育休の日々が毎日ハッピーの連続かというとそんなことはなくて、笑うこともあれば泣くこともあるし、案の定というかなんというか、妻と険悪になったり、口ゲンカをしてしまうこともありました。子どもと過ごす時間はひとくくりに言えば最高ですけれど、やっぱりイラっとするときもあるし、叱ったあとに自己嫌悪に陥《おちい》ることもあります。

ベテランお母さんお父さんに、そんなことうちにもあったわ、懐かしいなぁ、と読んでもらえたらうれしいし、今まさに育児とがっつり向き合っているパパやママに「わかるぅー！」と言われたら駆け出してハグしたくなります。子どもがいないご家庭や、独身の方には、「ちょっと違う場所に身を置いてみたら、びっくりするくらいたくさんの発見があった」という体験本だと思ってもらえたら最高です。

では、わが家の育児休業の日々、おそるおそる、開幕です。

目次

4

円満に極意なんてあるのか問題

5 育休後、やっぱり、がけっぷち（笑）

1

そういえば男も育休取れるんだっけ

育休を決めたわけ

三人目の妊娠がわかったとき、
「お腹の子が生まれたら、ちょっと仕事を休んだほうがいいかもしれないな」
と、ふと思いました。ポリシーや信念があってのことでもなく、本当に「ふと思った」のです。ほとんど思いつきに近い感じです。理由なんてあってないようなもんですが、あえて挙げるとするならば三つほどあるでしょうか。

ひとつは、四歳と二歳に加えて新生児の子育ては、さすがにかなりたいへんだろうということ。子どもが何人であろうと、子育ては発見と喜び、そして戸惑いの連続です。

長男のときは本当に戸惑いだらけ。

「え、おっぱいって、こんなにしょっちゅうあげるんですか!?」

「おっぱいのあとのゲップが必須なのに、赤ちゃんは自分でできない？　それはなにかの冗談ですか？」

「ウンチが白っぽいんですけど、これ大丈夫ですか？」

「ウンチがオムツの背中側から漏れるなんてことがあるなら先に言ってくださいよ！」

「よく見ていれば泣いている理由はわかる？　いや、全然わかんないんですけど」

「というか、こんなに寝ないものなんですか？」

とまあ「こんなに？」と「これなに？」の連続で、疲労と心労のミルフィーユ。次男のときは長男に輪をかけて睡眠の安定しない時期が長かったので、妻は常に寝不足。ご存じのように寝不足すなわち不機嫌。

妻の奮闘ぶりに心から感謝し、尊敬しているのに、歯車がかみ合わなくてついトゲトゲした言葉の応酬《おうしゅう》になることもありました。ようやく次男が朝までぐっすり寝てくれるようになったと思ったら第三子の妊娠。妊婦健診のエコー検査で早々におちんちんの存在を確認。おお、こいつはまた賑《にぎ》やかになるぞ。

ふたつめはコロナです。三人目の命が宿ったのは、まさにコロナ禍のさなか。両家の両親やご近所さんにお願いできることに、コロナのために制限がかかります。妊娠期間もすっぽりコロナ禍と重なっているので、「家族」というユニットでどうにかしなくてはならないことが多くありました。つわりがひどく体調が優れなくても実家の親に気軽にサポートを頼むわけにもいかないし、春休みの帰省もあきらめたし、同じマンションの仲良し家族との餃子《ぎょうざ》パーティーもなかなか開催できません。

次男が生まれた直後の入院期間は、長男は妻の実家で面倒をみてもらいましたが、コロナ禍ではそれも難しいし、楽しそうに通っている幼稚園にはできれば休まず通わせてやりたいし。それに、妻の実家がこの間に大阪市内から滋賀の山奥に移住して田舎暮らしを始めました。気軽に預けるにはちょっと遠いのです。

もうひとつは、新生児との生活に、これまで以上にしっかり時間を取りたいという思いです。

さきほど二人の子育てが寝不足と夫婦ゲンカばかりだったみたいに書きましたけど、もちろんそんなことはなくて、本当にこんなに自分のことなんてどうでもいいくらい誰かを愛おしいと思える経験は初めてで、「楽しい」と「たいへん」を天秤《てんびん》にかければ勝率一〇〇%で「楽しい」が勝つのです。というか、そもそも「楽しい」と「たいへん」を分けることすらできなくて、全部ひっくるめて、ずっしりぎっしり中身の詰まった得難《えがた》い経験をさせてもらっていると思います。

子育ての時間は、なんというか「濃い」のです。この歳になってこんなに初めての経験ができるのか！　という発見の連続で、仕事のときの充実感などとは違う濃密さです。

父親として新生児と相対《あいたい》するのはさすがに最後だと思うし（五十歳ですからねぇ）、二人の男の子の育児に多少なりとも関わってきた経験が「ラストチャンスやで。逃したらあかんで」とささやくのです。そして、はたと気づいたのです。

「そういえば、男も育休取れるんじゃなかったっけ」

とはいえ、そこは昭和生まれで転職の経験もゼロ、ひとつの会社で（いちおう）ひたむきに働いてきた者としては、育休の取得に迷いがなかったわけでもありません。そうです。私の育休の入口は「おそるおそる」なのです。そのあたりも含めて正直なところを書いていこうと思いますので、どうぞお付き合いください。

メンバー紹介をします

出産が予定日（二〇二一年六月十五日）より少し早くなるかも、とお医者さんに言われてソワソワしているわが家です。

三回目でもこのソワソワ感はやっぱり同じです。とはいえ、どこかで慣れのようなものがあるのも確かで、五月末くらいから、いつ出産となってもいいように入院生活のための準備をあらかじめしておいてくださいね、と産院から言われているのですが、妻は「わかってるんだけどね〜、なかなかね〜」と準備が進みません。身体が重いとか脚がむくんで痛いとか、妊婦は本当にたいへんです。横で見ていてもしんどそう。

ただ、思えば第一子のときはその「しんどさ」がなかなか理解できていませんでした。身体が重いと言ったって、自分の身体なんだから動くでしょ、とか、脚がむくんでるって、お腹がこんなに大きくなってるのに、ちょっと脚が太くなってるのが気になる？　などなど、無神経かつ失礼なことを内心では思っていました。ごめんなさい。五年さかのぼって謝ります。

ともあれ、二人の男の子と格闘したり頰《ほお》ずりしたりしながらの出産準備は妻にとってもなかなかたいへんなようです。

さて、三人目の男子（たぶん）を迎えるわが家の面々をご紹介しましょう。

まず、**妻の香《きよう》さん**。私より十三歳年下の三十六歳。美人です。と私は思っています。当然。料理が上手で何事も手を抜かず一生懸命。基本的には優しいんですが、青春時代を南《みなみ》河内《かわち》で過ごすことで身に付けたのかもしれない迫力ある感情表現で、私が圧倒されることもたまに（ええ、たまにです）あります。

きょうさんは友だちをつくるのも上手で、マンションのなかでも、幼稚園の保護者の仲間でも、垣根なくワイワイ話していますし、ご近所のおばあちゃんの家に子どもを連れて遊びに行ったり、別のお宅からは庭に咲いたバラをもらってきたりして、いつの間にそんなに仲良くなったん？　とびっくりさせられることがよくあります。

そんな陽気なきょうさんですが、妊娠すると毎回つわりがかなりひどく、三回とも共通してご飯を炊く匂いがダメという定番は当たり前で、それに加えて一人目のときはパンケーキやマフィンしか食べられない、二人目のときは塩コショウで焼いたお肉しか食べられない、そして今回はさらにストライクゾーンがせまくて、ローストビーフをひたすら食べるという、まあまあお金のかかるつわりライフです。

ローストビーフは買うとそれなりのお値段なので、塊《かたまり》のお肉を安く買ってきて、私が夜な夜なフライパンとオーブンを使って焼く今日このごろ。おかげでほとんど料理ができないのにローストビーフだけは上手く焼けるようになりました。

いよいよ妊娠もファイナルステージ、大きなお腹で家事、育児に奮闘しています。

長男、たすく。四歳九カ月。幼稚園の年中組。身長がすらりと高くて手足も長く、いやぁ、昭和生まれとは違うねぇ、と親は感心しています。なににでも興味をもって、なんで？　なんで？　を連発する「なんで期」を驀進《ばくしん》中。

「夜はなんで暗いの？」

「お日様が隠れちゃうからだよ」

「なんで隠れるの？」

「うーん、地球が丸くってクルクル回ってるから……（いや、この方向での説明は無理やな）

ごめん、今の説明忘れて。もう晩ご飯食べてお風呂入る時間やでって、お日様が教えてくれてるんちゃうか？」

「なんで暗くなって教えてくれるの？」

「う」

みたいなやりとりを日々、くりかえしています。

私もアナウンサーという職業柄、「知らんがな」で済ませたくないので、できうるかぎり「なんで？」に応えるようにしているのですが、その結果、なんでラリーが長くなってきているようで、妻から「パパが答えすぎるから、私も受け答えがたいへんやわ」と軽く非難されています。

ここまで戦隊モノにも『鬼滅の刃』にもほぼ脇目もふらず、鉄道にぞっこん。素人には全部同じアズキ色にしか見えない阪急電車も、たすくにかかれば、

「九〇〇〇系がきた！　パンタグラフがシングルアームやで！」

「六〇〇〇系や。ライトが丸形やし」

「八〇〇〇系のモーターの音はこんなんやで、聞いて！　ウイーン、ウイーン、ウイーーーーン（けっこう似ている）」

そのほか、ＪＲ在来線の車両にも造詣《ぞうけい》が深いです。新快速の車両に使われる二二三系がお気に入りです。

最近は自動車にも興味を示していて、これまた素人には同じにしか見えないミニバンが通るたびに「ノア！」「ヴォクシー！」「セレナ e-Power！」「アルファード！　ハイブリッドや！　音が違う！」と大声で指さし呼称。うちの車はミニバンではないのになぜそこだけやたら詳しくなったのかは不明ですが、幼稚園の行き帰りが楽しそうです。

ちなみに家のなかでは食事中もずーーーっとお話が止まりませんが、人前に出ると案外モジモジ。大きな声であいさつする、を練習中です。

次男、さとる。二歳八ヵ月。この五月から幼稚園の年少組よりさらに下の、満三歳児クラスに通い始めました。

お兄ちゃんのたすくと二歳差があり、お兄ちゃんが平均よりちょっと大きめ、さとるは平均よりやや小さめなので、見た目にもけっこう体格差があるのですが、負けずに兄ちゃんとおもちゃの取り合いをしています。泣き声が大きくて、大きな目からぽろぽろと涙を流します。

どうもいわゆる「いやいや期」のまっただなかのようで、ことあるごとに「しない！」「行かない！」「着替えない！」「もうおうち帰る！」を次々と繰り出してきます。親がおもちゃや絵本を片づけたあとになって「さとるがしたかったー！」と言い出したり、コップにお茶を入れてやったあとで「自分で入れたかった！」とごねる「さかのぼってやりたがる要求」は難儀《なんぎ》です。

朝ご飯の用意をしているときにオムレツをつくろうと親が卵をボールに割ったときに「さとるが割りたかった！」と言い出すこともあって、朝の忙しいときにこれはなかなかたいへんです。ちなみに妻は「もう割ったもん。無理無理」といなし、私の場合は、モメて機嫌を損《そこ》ねてもたいへんだし、卵を割る経験もそれはそれで大切だろうと「はいはい」と卵をもうひとつ冷蔵庫から取り出して割らせてやります（私が割るのに手を添える程度ですが満足そうです）。当然、オムレツのサイズはちょっと大きくなります。妻からはひと言、「甘い」と言われます。

さとるは、この春までは、兄とのママの取り合いに全力を注いでいたのですが、幼稚園に通うようになってずいぶん様子が変わりました。ママの脚にずっとコアラのようにしがみついていたのが、兄とご機嫌におもちゃで遊んだり、ひとり遊びをしたりする時間も増えました。夜中に目覚めることも減ったので、しっかり遊んで心地よい疲れで深く眠っているんだろうと思います。幼稚園への通園でちょっとは変わるかなと思っていましたが、予想を超える変化で、両親そろってあんぐり口を開けて驚いています。ありがとう幼稚園。ありがとう幼稚園の先生。

とまあ、こんな感じです。ここにもうひとり加わることになります。長兄にはどんな変化があるでしょうか。次兄、というか兄になる次男はどんな「兄貴顔」を見せてくれるでしょうか。個人的には末っ子から兄になる、次男さとるの変化に大いに注目しています。

体操服は天下の回りモノ

妻、きょうさんの出産に向けてそろそろと準備を進めているわが家です。

先日、ベビーベッドをレンタルしました。店舗で受け取ると配送料もかからないので（そのへん、わりと細かい）、雨のなか車で受け取りに行きましたが、長期レンタル割引もあって、半年で七五〇〇円ほどでした。ひと月一〇〇〇円ちょっと。探せば安く買えるものもあるようですが、わが家ではレンタルがよいと判断しました。ちなみに長男のときは妻が添い寝をしてベビーベッドは使わず、次男のときは妻の知人から借りました。

子育てにはいろんな「期間限定グッズ」があります。ベビーベッドも長くて一年程度しか使わないし、ベビーカーもチャイルドシートも、幼稚園の制服も体操服も、ついでに言えば多くの場合はプラレールやトミカも、ずっと使い続けるものではありません。

長男が生まれたときに、いろいろと見聞きする「この先必要なグッズ」の多さに、けっこう物入りだなぁと思っていたのですが、コミュニケーション上手で友だちの多い妻が、

「マツモトさんがさ、お兄ちゃんがもう卒園したからって体操服くれてん！」

「これ見て！　ノリタケさんのところ四人きょうだいやん？　ママがお裁縫《さいほう》めっちゃ上手でさ、いろいろ手づくりベビーグッズもらった！」

と、次から次に制服や体操服その他もろもろをもらってきて、ゼッケンを付け替えたり、ちょっとサイズの大きいものはストックしたりして、盤石《ばんじゃく》のローテーションを構築しています。

私の知人からも「あんなに熱中したプラレールなのに、もう見向きもしないんですよ。いります？」みたいな話が頻繁《ひんぱん》にあります（もちろんありがたくいただきます）。もう新品では売っていないプラレールもありますから、「これ、売ったらけっこうなお金になるんちゃうん」と親のほうはよこしまな考えが頭をかすめたりしますが、子どもたちは意に介さず、楽しそうに遊んでいます。

中古の譲《ゆず》り合いは、もちろん経済的にたいへんありがたいです。おまけとして、家によってこんなに洗剤の匂いが違うのか、とか、どんなアクロバットをやればここが擦《す》り切れるのか、などなど、体操服ひとつにもそれなりの歴史が垣間見えます。

さらによく見れば、うちと同じマンションでお子さんが三人いるヤマダ家から来た制服は、タグのところにヤマダと書いている裏に、消えかかった別の名前が書いてあったりして、なんとこれを着るのはうちで三代目か！　と楽しい発見が。三人のそれぞれ個性の違う男の子が、この制服を着て走り回ったり、牛乳をこぼしたり、遠足に行ったりしたのかと思うと、思わず笑いがこみ上げてきます。

もちろん、新品を着せてやりたいものもありますから、すべてを近所のおさがりでやりくりするわけではありませんが、このサークルというかローテーションのようなものに入ることの発見は、ほかにもたくさんあります。

たとえば、妻は制服や体操服のお返しに、お気に入りの焼き菓子や、先方のお子さんの気に入りそうな本をお渡ししています。そういうのって、服を服屋さんで買う、おもちゃをおもちゃ屋さんで買う、というシンプルな買い物よりも、お金が「回っている」感じがしますし、そこには相手のことを考えるという要素が加わります。結果としては体操服のやりとりが終わってもお菓子のやりとりが続いていたりします。

マツモトさんからは『鬼滅の刃』のコミックも借り（子どもたちはまだ読めないので親が読むのですが）、そのお返しに鬼滅キャラの子ども用マスクをお返し。幼稚園の年中組でうちの長男と同級のコタニさん（女の子二人姉妹）からはベビーカーをいただき、とりあえず女の子が好きそうなヘアアクセサリーをお返し。それだけでは釣り合わないのでほかになにか渡すものはないか思案中です。中古であってもフリマアプリで手に入れるのとはずいぶん違って、やりとりされるグッズそのものよりも、それを介したコミュニケーションのほうがメインのようです（フリマアプリももちろん使ってますけどね）。

ニュースを扱う私の仕事では、よく「地域社会」とか「地域の支え合い」のような言葉が出てきますが、正直、独身時代はピンときていませんでした。賃貸マンションの隣の部屋の人とは会えばあいさつする程度、ボランティアを取材した経験はあっても参加した経験はないし、自治会ってなんですか？　というレベル。

でも、こうして結婚して子どもを授かって幼稚園に通わせて、というなかで、ああ、確かにここには「地域のつながり」があるんだな、と思います。子どもたちが幼稚園や小学校、中学校を出てしまえば途切れてしまうかもしれないし、途切れないご縁もあるかもしれません。

いずれにせよ、同じ年頃の子育てを経験している親のあいだには、体操服のやりとりから始まる共感と支え合いがあるのを感じますし、前にも書きましたが、マンションの向かいのニシヤマのおばあちゃんが「退屈したらうちにおいで。うちも年寄り二人で退屈やから」と声をかけてくれて、妻や子どもたちは本当にお邪魔したりしていますから、これはママ友などという言葉を超えて「地域」のひとつのかたちかも、という気がします。妻はもとの職場の仲間や高校の同級生とも同じようなやりとりをしていますから、地域というのは地理的な意味を軽々と超えたつながりなのかもしれません。

私自身も、子どものころにたまに隣のカトウさんの家でご飯を食べさせてもらって、うちのカレーよりジャガイモがずいぶん大きいな、などと思っていたのをふと思い出したりしています。

さて、取ると決めただけでまだ育休には入っていないのにいきなり戸惑っていることがひとつあります。それは**「男の育休は入口がわかりづらい！」**ということです。会社で働く女性の場合、まず出産予定日の数週間前から産休に入り、赤ちゃんが生まれたら、そのあと育児休業に入ります。ところが、当たり前ですけれど男性には産休はなくて、制度上、育休は「生まれた日」が起点になります。

ちょうど私が育休を取る直前の二〇二一年六月に育休に関する法改正があって（施行は私の育休のあとでした）、男性に「産後パパ育休」という制度が設けられたり、育休の期間を分割できるようになったりしました。それでも、子どもが生まれる前から男性が育休を取れるようになったわけではありません。

予定日はあっても予定通りに赤ちゃんが生まれてくれるわけではないので、一ヵ月前までに育休取得の申請をしたうえで、妻と「どう？　そろそろ？」「そんなん、突然くるんやから、私にもわからん」という会話をしながらソワソワと待つことになります。職場でもシフトを組む先輩から「どう？　そろそろ？」と聞かれ、妻に言われたままに「いやぁ、突然くるもんですからなんとも」と答えます。かなり理解のある職場だとは思うのですが、取るほうも受け止めるほうも、男の育休には慣れっこというわけではないようです。

なんて思いながら仕事をしている予定日一週間前、お昼ご飯を食べて午後の仕事にとりかかったところで、妻から携帯に連絡が。

「ちょっとお腹が痛いんやけど、早く帰ってこられる？」

そうなんです。突然くるんです。

その日、余裕の妻とオロオロ夫

「育休を取る男はその日をソワソワしながら待つ」と先に書きました。

いや、出産を控えた女性のほうが、もちろんソワソワもドキドキもあるんだと思いますが、少なくとも私の場合は、いつから休みに入ればいいのか自分で決めにくい、えも言われぬフワフワとした感覚がありました。いつピストルを打つのかわからないスターターの横でスタートラインについているような感じ、といっても陸上部出身の人にしかわからないかもしれませんが、それはさておき。

弾力的な勤務を組んでくれた職場に感謝しながら午前の仕事を終え、午後の仕事にとりかかったその日、妻からの連絡はありました。出産予定日のちょうど一週間前でした。

「ちょっと、いや、けっこうお腹が痛い。冷汗が出てきた。早く帰れそう？」

上司に事情を告げて早退させてもらい、阪急電車に飛び乗って、でもそこは三人目の余裕なのか電車内では普通に読書して、最寄駅のひとつ手前からタクシーに乗って向かった先は次男さとるの体操教室が行われている市立体育館。妻は体育館のフロアのすみっこで、笑みを浮かべて眉間《みけん》にしわを寄せるという表情で待っていました。

「痛いねん」
「病院行く?」
「いや、とりあえず、さとるの体操の相手してやって。たぶんまだ大丈夫やから」

……体操が終わって。

「どう?　病院行く?」
「んー、ここから本番やと思うねんけど、さとる、体操で汗かいてるやろ?　たぶんまだ大丈夫やから、家に帰ってお風呂に入れてやろ」

……帰宅して、子どもたちのお風呂が終わって。

「どう？　病院行く？」

「んー、病院行ったらもう本番やろ。長丁場になるから、ご飯食べてから行くわ。たぶんまだ大丈夫やから」

……早い晩ご飯が終わって。

「なあ、病院行こう」

「うん、入院の荷物をチェックせな……あ、パンっていうた！　たぶん破水した～！」

破水してなお、パジャマ姿の子どもたちの髪をドライヤーで乾かし、車に乗せてみんなでようやく産院に。と、こう書くと「やっぱり三人目ともなると余裕ですねぇ」とお思いかもしれませんが（確かに経験って偉大やな、と私も思いますが）、そこはコロナ禍のこと、立ち会い出産も、廊下でおぎゃあの声を待つ昭和パターンも許されないので「その瞬間にすぐそばにいてもらえないのは、すごく不安」と妻は少し前からくりかえし言っていました。コロナの感染状況が落ち着きつつあったとはいえ、まだ私たちの住む兵庫県にも緊急事態宣言が出されているタイミングでの出産です。

これは立ち会い出産、なのか？

あらかじめ連絡を入れていた産院に到着し、待合から分娩《ぶんべん》室のあるロビーに行くと、助産師さんから「コロナの感染対策で、ここから先はご家族も入れません」と優しくも厳しいお言葉。妻はあきらめたような、覚悟を決めたような顔で、お腹を抱えて脂汗《あぶらあせ》を浮かべながら、じゃあ、と手を振り、事情をよく飲み込めなくて不安げな四歳児と二歳児と四十九歳は帰宅。

そんなに長くはかからないだろうとは思っていましたが、帰宅後ほどなく携帯に妻からビデオ通話の着信。どうやら妻のスマホが分娩室で三脚かなにかにセットされているらしく、妻はすでに横になっていて、そのまま「オンライン立ち会い出産」に突入。

「痛い痛い痛い痛い！　あれ？　見えてる？」

「きょうさん、がんばって！　っていうか、そこは陣痛室？　え、あ、分娩室なん？　もう生まれるの？」

「先生、すみません、音声が聞こえないんですけど。おーい！　パパー！　たすくー！　さとるー！　あ、画面を横にしてもらえます？　い、痛い！」

「はい、赤ちゃん出てきますよ」

「痛い痛い！　ちょっと！　ふぅ、ふーーーーーーぅ！」

「え、ちょっと、もうそんな段階なん？」

「ふーーーーーーーーーーーーーーーぅ！」

あ、生まれた。

「ふんぎゃぁ！」

泣いた！

どう感動したらいいのか、いや、確かに感動はしてるんだけど、これが一回目だったら戸惑いのほうが大きいよな、という不思議な感覚に包まれる私。「赤ちゃんに血がついてる～！」と言う長男。「これ、赤ちゃん？」と言う次男……。

そんなこんなでバタバタと、三男はこの世に生を受けました。産院に入ってからおよそ一時間はわが家の最短記録です。

たすくもさとるも同じ産院で、私も出産に立ち会い、おそるおそるへその緒《お》を切りましたが、三男は、画面の向こうでなんと妻がハサミを持たされて、「おめでとうございます。さ、切ってください」と促《うなが》され、自分でへその緒を切っていました。自分につながっている身体の一部を自分で切るって、どんな感覚なわけ？（あとで妻に聞いたら「へっ？　私が切るん!?　あ、そうか、いや切るの？　切るわ。え、硬い!?」だったそうです。痛みはないんで

すって）

それをオンラインで見るこちら側も、へ、ママが切るの？　と、やっぱり不思議な感覚なのでした。

わかっていたことではありましたが、**唐突に赤ちゃんはやってきました。**産院に入って一時間でスピード出産。母子ともに健康。まずはひと安心。

うちに帰った四歳と二歳と四十九歳は、出産前の妻が粘《ねば》りに粘って、ご飯もお風呂も済ませてくれたおかげで、あとは寝るだけ。とはいえ、親も戸惑う世にも不思議な「オンライン立ち会い出産」という経験の直後で父四十九歳はちょっと脳みそがグルグル、フワフワした感じ。わが家に妻（と生まれたばかりの三男）がいないという、どデカい違和感を、たすくとさとるがどう受け止めているのか、考えてみてもどうにも思考はまとまりません。

もうええわと開き直り、さりげないふりをして「さ、ほな寝よか」と声をかけてみたら、長男はなんとなく状況を飲み込んでいるようですが、まだ二歳の次男は案の定「ママは？」という返事。ええとね、あのね、と説明しようとしたら、生真面目《きまじめ》な長男が次男に対して、四歳児としてはべらぼうに明確に、

「ママは赤ちゃんを産んだから、お腹痛い痛いやから、ねんねしたまんまやから、今日は帰ってこないねん」

と説明。いやぁ、四歳児とは思えない見事な説明だねぇ。しかし、ちょっとくっきりはっきり言いすぎちゃう？　と思いつつ見守っていたら、キョトンとした表情だった次男の顔がジワジワと崩れ、「ママに会いたい！」と号泣スタート。

うん、まあ、そうだよね。

結果としては、オンライン立ち会い出産と同じビデオ通話を使ってママの顔を画面越しに見て、優しく話してもらって、次男の噴火は嘘のように鎮《しず》まり、疲れもあってか、兄弟そろって、コテンと眠りにつきました。出産の直後で身体もしんどいのに。妻の対応には頭が下がります。ありがとう。あなたは本当にすごいです。

実家や会社、友人たちに出産の報告をして、夜のうちにその日の洗濯物を干して、ようやく深呼吸したらもう深夜。

出産の日を含めてこれから五日間、妻と赤ちゃんは病院にいます。明日の朝ご飯は、そして幼稚園は。感慨や感動とは関係なく、実に現実的な日々が待っています。

そんなふうに、私の育児休業の日々は始まったのでした。

2

いきなりクライマックス　それは「お弁当」

ママのいない夜

六月八日、妻が予定日より一週間早く三男を出産しました。思えば長男たすくのときも五日早かったし、次男さとるのときも一週間早かったのです。予定日についてはちょっと懐疑《かいぎ》的なわが家です。

少し前に「新生児との時間をじっくり過ごしたくて育休を取った」と書きましたが、最初からそのつもりだったかというと、正直言ってそんなわけでもないのです。

長男から三男まで全員がお世話になっている産院では、自然分娩で第二子以降では出産日を含めて五日の入院が標準と決められています。育休を取ろうと思ったきっかけは「あれ？　その五日間、誰が子どもたちの面倒をみるんだ？」という疑問からでした。

次男は五月から幼稚園の満三歳児クラスに通い始めたばかりで、ようやく通園のリズムが定着しかけたところだし、ちょっと内弁慶《うちべんけい》な長男も幼稚園の友だちの話をうれしそうに話してくれるようになってきていて、このタイミングでは、二人ともできるだけ幼稚園を休ませたくないというのは夫婦の一致した気持ちでした。幼稚園を休ませ、実家に二人を預けるという方法はできればとりたくない。加えてこのやっかいなコロナ禍。簡単に実家のじぃじやばぁばに来てもらうわけにもいきません。そうか、なるほど。

ということで、私が最初に考えたのは「その五日間をどうにかしなくては」ということで、じゃあ、俺が一週間ほど仕事休むか、となったのです。そうなんです。「育休を取ろう。育児をしよう」という感じではなく、まさに「とりあえず」のレベルで。

今思えば、一週間休んだところで長い育児のなかでできることはかぎられているのですが、三人目が生まれる数カ月前の私は、この五日間は極めて現実的に、子どもたちにご飯を食べさせ、お風呂に入れて寝かせ、幼稚園に送り出す大人がわが家にいないことにハタと気づき、そうだちょっと仕事を休もう、と軽く思いついたのです。今回の育児休業の出発点でした。

その後、いろんな人の意見を聞いたり、会社と相談したりするうちに「一カ月くらいは休もうか」「いや、いっそ三カ月」「そこまで休むなら、上半期の終わりの、キリのいいところまで休ませてもらおうか」と、おおよそ四カ月休ませてもらうことにしたのでした。

とまあ、育休の取得の経緯そのものも主体性があるようなないような頼りないものでしたし、育休を取ることを決めたあとも、なにから手を付ければいいのか、どんな準備をすればいいのかもわかりません。ほぼ唯一、事前にやったことが、妻にお願いして子どもたちの一週間のスケジュールや持ち物、非常時の連絡先などを、手帳にまとめて書いてもらうことでした。やったこと、というか、やってもらったんですけど。

生活をともにしているわけだし、朝、幼稚園に送り届けるのはもともと私の役目なので、持ち物やタイムスケジュールはなんとなくわかっているつもりでした。じっさい、妻が書いてくれたメモを読んでも、そこに人知れぬ驚愕《きょうがく》の事実が書かれているわけでもなく、「ふんふん、ああ、なるほど、知ってる知ってる」「ま、これくらいならなんとかなるかな」と、ナメたことを考えていました。

ところが、事ここに及んで手帳を開いてみると、「なんとなく」わかっているのと「ちゃんと」わかっているのでは全然違いました。子どもの通園バッグひとつとってみても、毎日持たせるものは、曜日指定で持っていくものは、長男と次男はどう違うのか、幼稚園からの連絡は電話なのかメールなのかLINEなのか、お迎えの時間は何時なのか、なにひとつ知らないのです。

育休初日の夜は、幼稚園に一緒に登園するだけでそこそこ「やってる」つもりだったのが、実は驚くほどごく一部だったことを思い知り、猛烈《もうれつ》に恥ずかしくなり、焦《あせ》り、打ちのめされ、くりかえしくりかえし妻が書いてくれた虎の巻を読み返して、浅い眠りについたのでした。

次男にとっては初めての、母のいない夜についてもう少し。

いつもは妻が大きなベッドで次男と一緒に寝ています。妻が入院中は、私が妻のポジションに入れ替わって次男と一緒に寝ようかとも思いましたが、お母ちゃんの代わりはそう簡単にできるものでもないし、なんか、拒絶されて大泣きされそうな気もします。

ええい、ひょっとしたら都合よくなにかしらの成長のきっかけになるかもしれないと、寝かしつけたあとは私はいつも通り別の部屋で寝ました。寝室に子どもたちだけを寝かせるというのは、大げさかもしれませんが、私なりの小さな、とても小さな決意のようなものでもありました。

そんな父の思いを知ってか知らずか、次男は夜中に二度ほどむくりと起き上がって、半ば寝ぼけたまま「ママ！」と呼びはしましたが、背中をトントンとさすると、疲れが勝ったのか、ぱたりと寝ました。恐れていたほどの大騒ぎはなく、ママのいない最初の夜は過ぎていきました。

ママのいない朝

朝。目覚めたら次は朝ご飯です。実は、次男が乳児のころに、授乳や夜泣きの対応で妻が極度の睡眠不足状態になることがしばしばあったので、そのころからときどきではありますが、朝ご飯を私がつくるようになりました。

思えば私が初めて朝ご飯をつくったのは、妻が、起こすのも申し訳ないほどに疲れ切って深く眠っていた朝でした。いつもの時間になっても妻が起きてこない。でも、泥のように眠る妻に「時間だよ。起きて、ご飯つくって」とはどうしても言えず、大根を切るだけで肩がバリバリに凝《こ》るキッチン初心者ですが、見よう見まねでばたばたとご飯を炊き、みそ汁をつくってみたのでした。

フラフラと起き上がってきた妻は食卓を見て、ものすごく悔しそうに「違うねん！　それだけは、私、がんばりたいのに！」とぽろぽろ涙を流しました。結婚当初からキッチンは自分の居場所とがんばっていた妻は、悔しさと情けなさと自己嫌悪が湧き上がってきて泣いてしまった、とあとで言っていました。「増えるワカメ」がどれくらい増えるのかも知らず、ワカメだらけのみそ汁をつくった私と、それを泣きながら食べる妻。そんなことがあったのでした。

その後はキッチンに私が入ることを妻もなんとなく受け入れてくれました。慣れというのはすごいものです。私もある程度の経験も積み、ワンパターンなものでよければ、朝ご飯をつくること自体はなんとかできるようになりました。

この日の朝は少し早めに起きて、妻と携帯電話でいくつかやりとり。次男が「ママー！」と号泣しながら起床。ママとのテレビ電話で鎮火《ちんか》。そして朝ご飯の用意。和食党のわが家では、朝は必ず、ご飯、みそ汁、そしてオムレツか目玉焼きか焼き魚。納豆や梅干しも常連です。冷蔵庫を覗《のぞ》いてつくれそうなものをバタバタとつくって食卓に並べ、子どもたちはどっちが先にオムレツにケチャップをかけるかジャンケンをする儀式（次男はジャンケンの意味がまだわかっていないので、必ず長男が勝つんですが）を経て、食べ終えて、ビデオ通話でもう一度、妻とお話をして、着替え、歯磨き。妻の書いてくれた手帳を穴が開くほど見つめてカバンの中身をチェック。ん？　こらこら、歯磨きというのは甘い子ども用の歯磨き粉をチュウチュウ吸うことじゃないぞ。こら、たすく、なんでパンツのまま前転してんの？　服を着なさい！　おい、さとる！　名札を付けるあいだくらいじっとできないか？

朝を親ひとりで切り盛りするって、こんなに目が回るの？　という気持ちと、思いの外、子どもたちが元気に登園準備をしている様子にホッとする気持ちがないまぜになって、でも感慨に浸《ひた》る暇《ひま》はない朝でした。よし、手をつないで幼稚園にＧＯだ！

その日は幼稚園の行事の関係で給食なしの午前保育。十一時半にはお迎え。え、九時に登園したのに？　主婦ってこんなに時間ないの？　専業主婦は三食昼寝つきとか言ったおバカは誰？

お迎えに行って、帰ってきて、子どもたちとお昼ご飯になにを食べたのかは覚えていません。夕食は妻の助言で素麵《そうめん》。錦糸卵《きんしたまご》と千切りキュウリを用意したら麵類が好きな子どもたちはツルツルと食べてくれました。また妻とビデオ通話で「ママ不足」を解消して就寝。

翌日も同じように朝はバタバタ、夜は魚好きの長男のリクエストと妻のアドバイスでマグロの切り身をご飯にのせたどんぶり。パクパクと食べてくれてひと安心。寝る前に妻とのビデオ通話。ふう。

さて、子どもが寝てから（というか正直に言うとその前からソワソワしていたのですが）、妻が書いた手帳をあらためて開きました。

そうです。明日は幼稚園のお弁当の日なのです。大根を切ったら肩の凝る私が、生まれてこのかた弁当なんてつくったことのない私が、二人の息子の弁当をつくらなければならないのです。マジで⁇

お弁当戦記
1・夫婦ゲンカ編

産んだばかりの妻と生まれたばかりの第三子が入院しているあいだ、四歳、二歳、四十九歳の男三人で生活しているわが家です。

四十九歳はあっぷあっぷ、二歳はときどき「ママー！」とめそめそ、四歳は「ぼく、平気だもん」という顔ですが、ちょっと無理してがんばってるんじゃないかと少し心配している日々です。

さて、妻が書き置いてくれたメモを凝視《ぎょうし》しながら、幼稚園の持ち物、お迎えの時間など、なんとか大きな粗相《そそう》なく過ごしてきましたが、ついにこの日がやってきました。

お弁当。

そうなのです。うちの子どもたちが通う幼稚園では、火曜と金曜は給食がなく、お弁当を持たせて登園することになっています。最近、朝ご飯をたまにつくるようになったとはいえ、ご飯、みそ汁、卵料理か焼き魚、というワンパターンを一歩踏《ふ》み出すと、そこは未知の領域。お弁当についても、当然のように妻に任せてきました。なんなら「二つも三つも一緒やから」と私のお弁当までつくってもらっていたのでした。

火曜日に妻が出産してそのまま入院。水曜、木曜と必死のパッチでなんとか過ごし、そして、決戦の金曜日です。木曜日の夜、子どもたちを寝かせてから、弁当箱を取り出し、妻の書き記してくれた手帳を開いて脳内シミュレーション。お弁当についてわかっていることを挙げると、

一 長男たすくは阪急電車の、次男さとるはドクターイエローのお弁当箱。
二 長男はご飯にふりかけで大丈夫、次男は小さなおにぎりにこだわり。
三 二人ともニンジンを花形に切って出汁で炊いたものが大好き。
四 長男は出汁巻きが好きだが、次男は最近、ときどき残す。
(卵焼きが好きじゃないなんて、私には信じられないんですけど)

五　ウインナーは必ず入れる。

など など。

私が朝ご飯を手伝うようになったのは、幼稚園に通い始めた長男のお弁当が始まったころと重なっていて、そのときに、思いついたように「出汁巻きくらいは焼いてみたい！教えて！」などと言って練習をしていたので（という遊び半分なノリが、今思えば妻に対して失礼なんですが）出汁巻きは大丈夫。ただ、前にも書いたように、次男が最近は出汁巻きを食べ残していて、妻も悩んでいました。これは検討課題。飾り切りのニンジンは少し前に妻がつくり置きしてくれていたので大丈夫。ウインナーは冷蔵庫にあるので、湯がくか焼くかすればなんとかなりそう。

でも、それだけでは弁当箱は全部は埋まらない気がするし、埋まるとしても詰め方がまるっきりわからない。次男のおにぎりってどんな大きさだっけ？　海苔《のり》はどこにあるの？　焼き海苔？　味付け海苔？　長男はお箸だっけ？　次男も最近、マネをして箸を使いたがるけど、お弁当にはスプーンとフォークでいいの？　ランチョンマットは幼稚園に置いてるんだっけ？　新しいのを持たせるんだっけ？

わからない。わからない。わからない。

本当にわからないことが次から次に浮かんできて、不安と焦りで足の裏に汗をかくような、変な感覚に包まれて、妻とビデオ通話。

「なんか、できる気がしないんだけど、大丈夫かな」

「花形ニンジンは冷蔵庫にあるし、ウインナーは焼くだけだし、出汁巻きも巻けるんだから大丈夫だって」

「おかずが足りない気がするんだけど」

「じゃあ、冷蔵庫にミンチ肉があるから、ハンバーグつくってあげたら？　あの子たち好きやからさ」

と、最初は普通のやりとりをしていたのですが、

「お、いいね。玉ねぎを炒《いた》めたらええんやろ？」

「そうやけど、この時間から炒めるのも面倒でしょ？　レンジでチンしたら？」

「うん……なるほど、うん……そうやな」

「なに？　なんかいきなりめんどくさそうな声になって」

「めんどくさいとか、そんなことないよ」

「いや、明らかに声の感じ変わったやん。なにが嫌なん？」

「嫌とかそういうことじゃないよ。でも、あえて言わせてもらうとさ、玉ねぎをレンジでチンは主婦にとっては当たり前なんかも知らんけど、俺にとってはすべてが初めてやねん。簡単ちゃうねん、初めてやねんから。レンジって言えば牛乳かご飯をチンして温めるくらいしかやったことないねんから。玉ねぎの切り方も、容器も、何分やったらいいかもわかれへんねん」

「は？　おかずが足りないっていうから提案したのに、ほんで、簡単な方法あるでって言うてるだけやのに、そんな言い方ないんちゃう？　というか、『あえて言わせてもらうと』みたいな言い方、めっちゃ嫌やわ」

「あのさ、言い方がどうとかは別の問題やし、つくるのが嫌なわけじゃないんよ。でも玉ねぎやミンチの扱いも、味付けのタイミングも、弁当に入るサイズにどう整形するのかも、全然わかれへんねん。きょうさんにとって『こうすれば簡単』は俺には簡単じゃないねん」

「それならもうハンバーグつくるのやめたら？　ウインナーがあったらお肉系は大丈夫やもん。無理しなくていいよ」

「無理っていうなら、そもそもきょうさんがいない状態でいろいろやること自体、初めてのことだらけで、無理せずにやれることなんてないもん」

「なんなん？　私が無理させてるみたいな言い方やん」

「ちゃうよ、そんなこと言うてへん」

「言うてる！」

「言うてへん！」


と、ハンバーグをめぐって、というか、もはやハンバーグを離れてどうでもいいケンカがオンラインで始まってしまいました。**本当に、本当にどうでもいい言い争い**に時間とギガを無駄に使ってしまいました。今思えば産後間もない妻に対してすまなかったと思います。ごめんなさい、ほんとに。

夫婦のケンカ、諍《いさか》い、言い争いというのは、あとから考えると本当にどうでもいいことがきっかけになるということは、これまでの生活でも嫌というほど経験しています。今回だって、まあ煎《せん》じ詰めれば、「言い方」ですから。じゃあ、学習しろよ、って話なんですけど、まだまだ修行が足りないようで、どうでもいいことで時折やりあってしまいますし、どうでもいいことがきっかけだからといってすぐに仲直りできるかといえばそうでもないのです。ふぅ。でも、申し訳ないけれど、このときは、私は私で本当に必死だったのです。

わが家では夫婦ゲンカはその日のうちにどうにかして収めることを暗黙のルールにしていますから（じゃないと寝つきも目覚めも悪いので）、妻に「とりあえずこのましゃべってていい感じにはならんから、二十分ほど冷却時間をおこう」と、オンラインゲンカならではの提案をして通話を切り、そのあいだに玉ねぎを切り（ネットでみじん切りのやり方を検索しましたよ）、妻に言われた通りレンジでチンしたらそれは見事に甘そうな玉ねぎのみじん切りの出来上がり。素直に「やり方を教えて」と言えば済んだ話なのです。でもまあ、何度も言いますが、ケンカってそういうものですよね。

再びビデオ通話でお互いに言葉足らずをごめんねと謝って、ハンバーグのタネのこね方、おにぎりに巻く海苔のしまってある場所など諸々を伝授してもらって、お弁当に入れるぶんだけハンバーグを焼いて、残りは焼かずに冷凍。妻にありがとうと言って通話を切り、もう一度、幼稚園に持っていくカバンの中身をチェックして、お弁当のことばかり考えながら、本当にそれだけを考えながら就寝。

会社の仕事でもここまで頭のなかがひとつのことでいっぱいになることはめったにありません。夜中に何度も目が覚めて、お弁当の中身を想像して、大丈夫と思ったり、不安になったりしながら、気づいたらもう朝。

いよいよお弁当づくりの当日です！

2・いよいよつくるぞ編

出産後の妻と三男の入院中の五日間は男手ひとつでやってみようと決め、火、水、木となんとか穏やかに過ごせたわが家です。金曜は幼稚園のお弁当ｄａｙ。おかずのつくり方をめぐって夜中にビデオ通話で夫婦ゲンカを演じたあと和解、翌朝のお弁当と朝ご飯とお着替えやら歯磨きやらのパラレル作業を脳内シミュレーションしながら就寝、浅い眠り、そして朝。

普段は朝早く起きる長男が起こしてくれるので、目覚ましアラームはかけない私ですが、さすがに寝坊が怖くて六時にアラームをセット。でも、そのかなり前から目が覚めたり少し眠ったり。遠足前の子どものようです。いつものように六時半に起きてきた長男は、すでに起きてキッチンに立っている父を見てちょっと不思議そう。

母親が家にいないのは出産後五日間だけですから、子どもたちを実家の祖父母に預かってもらうという方法も取れないわけではありません。というか、むしろそういう判断のほうが一般的かもしれません。それでもあえて、男手ひとつでやってみようと思った理由としては、やっぱりコロナ禍というのは大きいです。このころ、全国的に感染状況はよくない局面でしたし、その後よりも当時のほうが「こんなときに外を出歩くなんて」「みんな我慢しているのに」という、お互いを見張るような雰囲気が、世の中に強くありました。

そうでなくても私の両親のほうは八十近い高齢で、岡山の実家から出てくるだけで、よっこらしょ、という感じ。ワクチン接種も間に合いそうにありません（じっさい、間に合いませんでした）。妻の実家の両親はまだまだ若くてアクティブですが、滋賀北部に住まいがあって、世の中の空気感としても、じっさいの距離感としても、阪神間に住むわが家との行き来はこれはこれで難しそうです。

もうひとつ、極めて個人的な動機をいうと、妻が普段ひとりでやっていることがどれくらいたいへんなのか、私なりに正面から受け止め、経験しておきたい、ということです。育休を取ると基本的に家に妻と私がいる状況になるわけで、力を合わせて家事、育児にあたることができます。でも最初の五日間は否応なしに妻はいないわけで、誤解を恐れずに言えば、ひとりで妻のやっている仕事を実感する、**またとない機会**でもあるわけです。

つまらない自己満足と思われるかもしれませんし、じっさい、そういう面もあると思うのですが、それでもやってみてわかることがあるんじゃないかと。まあ、偉そうなことを言いつつも、どうにもならなければ同じマンションの仲良し家族に頼み込むか、じぃじ、ばぁばにSOSするか、という逃げ道を考えてはいましたけど。

さて、お弁当dayの朝です。以前から妻は私の弁当も一緒につくってくれていたので、おかずの常連はわかってはいます。ウインナー、卵焼き、飾り切りニンジン、プチトマトなどなど。卵焼きについては、長男は出汁巻き大好きだけれど、次男は卵焼きに出汁の匂いがするのを嫌がるので、妻と相談して、オムレツを焼いて小さく切って入れることに。

ウインナーを焼き、旬のアスパラガスを湯がいてハムで巻く。ケンカしながらつくったハンバーグもスタンバイ！　ご飯に子どもたちの好きな「しそ風味のワカメのふりかけ」（おすすめです、みなさん）を混ぜて、ラップを茶巾《ちゃきん》のように絞って二歳児のひと口大のおにぎりをつくって、幅二センチほどに切った焼き海苔を巻いて……とやっていたら、次男の「ママー！」の声。

寝室に走っていって、おはよう！　ママじゃなくてパパでごめんやで、と言いながら抱っこでリビングに連れてきて、先に起きている長男に、一緒に遊んでてー！　とお願いして、お弁当に再び着手したところで、

「あ、子どもたちの朝ご飯!!」

台所の仕事はパラレル作業だ！　と脳内シミュレーションしていたのに、いざとなればお弁当で頭がいっぱいになっていました。みそ汁を慌《あわ》てて仕上げ、平皿にプチトマトと葉物野菜、お弁当にも入れるオムレツ、ご飯をお茶碗によそって、最近お気に入りの甘めの梅干しを小皿に乗せて、なんとかいつもの食卓の準備を整え、「ごめん、パパはお弁当をつくらなあかんから、二人で食べてて！」と再びお願いしてキッチンにリターン。お皿に

並べたお弁当を構成する要素（大げさ）を見渡してしばし沈思黙考《ちんしもっこう》（さらに大げさ）。

「うん、要素はたぶんそろっている。あとはこれをお弁当箱にどうやって詰めるかだ」

そうなのです。いや、ホンマに大げさすぎるで、とお思いの方もいらっしゃるかもしれませんが、「食材をお弁当箱に詰めたことがない」というのは実は巨大なハードルなんです。三男が生まれるまで、毎週、妻がつくってくれたお弁当を見てきましたし、食べてきました。子どもたちのお弁当を仕上げて「見て！　きれいに収まった！　食べてくれたらうれしいな」と喜んでいる妻を見て自分もうれしくなったりもしましたし、そのお弁当も見ました。そうだね、食べてほしいね、と話し、「ふぅん、こんなふうに配置するんや」などと、見るともなく見ていました。

問題はこの「見るともなく見てた」ってところでして、まあ、それってほぼ「見てない」のと同じなんですよね。ということに、このタイミングで気づくわけです。うん、遅いね！

3・たのむ！食べてくれ！編

見慣れた食材たちと弁当箱を前に腕組み。時間は過ぎる。もういい。完璧を求めすぎるのは私の昔からの癖だ。受験のときだって参考書を最初からすべて理解しようとして三分の一くらいで時間切れになったではないか。まずはわかりやすいところから始めることだ。ケンカしながらつくったハンバーグは自分のなかで今回の主役。それをシリコンのカップに入れてケチャップをかけ、まずは配置。え、デカい、こんなに場所とるの？　と怯《ひる》みつつ、ええい、ままよ！　と次々に食材を配置していきます。だんだん調子に乗ってくると同時に、不安になっていろいろと用意した食材が、実は思ったほどは入らないことにも気づきます。いや、妻はけっこう立体的に盛り込んで、弁当箱のフタで押し込んでいたような気がするぞ。でも立体的といってもどれくらいの立体までいけるんだ？　フタで押さえてプチトマトが破裂とか、もう悲劇だぞ。

頭のなかは弁当箱のなかのことでいっぱい。食卓から子どもたちが「見て～、トマトを箸で食べられたよ！」「お茶が空っぽ〜」などと声をかけてきますが、「ああ、そうだね〜」と、ほとんどうわの空。

何度かフタで押さえてみて、弁当箱のなかの食材が崩れないことを確認し、子どもたちが大好きな鉄道の絵柄のプラスチックピックをウインナーなどに刺し、祈るような気持ちでフタを閉めます。別の容器にデザートの果物を入れ、長男はお箸、次男はフォークとスプーンを一緒に袋に入れて、お弁当が、完成。大きく息を吐いて静かにカバンに入れます。息つく間もなく、子どもたちの朝食の手伝い。ヨーグルト食べたーい、いや、まだおかずのお皿がピカピカになってないやん（わが家では食べ終えてお皿がきれいになることを「お皿ピカピカ」と呼んでいます）といういつもの攻防、歯磨き、着替え。そして登園。

家を出るとき、言わなくてもいいことなのに、つい言ってしまいました。

「今日のお弁当な、パパが生まれて初めてつくったお弁当やねん。パクパク食べてくれたらすごくうれしいな」

変なプレッシャーを感じさせたくないと思っていたのに、というか四歳と二歳がこの言葉をプレッシャーと感じるのかどうかもわかりませんが、ともあれ、言わずもがなのことを言ってしまったと、ひとり気まずくなって、あ、ダンゴムシ！　などと言いながら幼稚園に向かいました。

幼稚園に着いて、よろしくお願いしますと先生に子どもをお預けしたら、膝《ひざ》が折れるほどの疲労感と脱力感。いつもの倍ほどの時間をかけて歩いて自宅に戻る途中で、普段は買わないエナジードリンクをコンビニで買って一気飲み。しばし放心状態。

家に帰って気がつくと時間がびっくりするほど経っていて、**え、もうお昼？**　お弁当に入らなかったおかずとご飯でお昼ご飯。そういえば妻もよくこんなお昼ご飯だったと話していたな、とか、子どもたちはこの卵焼きをちゃんと食べてるかな、なんてふと思って急にソワソワするなんて、もうほとんど思春期の恋煩《わずら》いです。

そうこうするうちにお迎えの時間。なんでもよく食べる長男はたぶん大丈夫だろうけど、食べ方にムラがあって、お弁当を残すことも珍しくない次男はどうだろう、などと思いながら電動アシスト自転車にまたがります。お迎えは次男が先。父親が迎えに来るのも三日目なので、さほど驚きもなく駆け寄ってきてくれます。楽しかった？　そう、よかった！

と声をかけながら、頭の片隅にはお弁当は食べた？　と聞きたくてしかたない自分がいます。

しばらく次男と園庭《えんてい》で遊んでいるうちに、すぐに長男もお迎え時間。そのまま二人を連れて近所の体育館に向かい、長男の体操教室。自治体が運営している体操教室は月謝が安くて人気です。保護者は小一時間、体育館のロビーで待つことになっています。

ほかのお母さんたちはワイワイとお話をしていますが、妻のメモを見ながらおどおどとその場にいる私は、あいさつはするものの会話にどう参加してよいかわからず、少々居心地の悪い時間を過ごしていました。すると、一緒にいた次男さとるが、

「パパ、お弁当箱、見たい？」

とニコニコしながら言ってきました。あれ？　これってひょっとして？

「見てー！　お弁当、ピカピカ！」

膝から崩れ落ちて号泣、というのはオーバーですが、近くにいるお母さんたちの目をはばかることなく、大きな声で「さとる、全部食べてくれたん？　ありがとう！　パパ、すごくうれしい！」とクシャクシャと頭をなで、ほんの少し涙を流したのでした。

自宅に帰ってから長男たすくのカバンを開けると、お弁当箱はやっぱり空っぽ。「食べてくれてありがとう」と声をかけると、ちょっとクールなたすくは当たり前やん、みたいな顔をして、ふふん、と笑っていました。

私はといえば、子どもの手前、声を上げて泣いたりはしませんでしたが、内心はナイアガラ並みの号泣。かくして、私の初めてのお弁当をめぐる奮闘は終わりました。

いや、ありがとう！　食べてくれてうれしいよ。でもね、パパ、めっちゃ疲れた！

さあ、赤ちゃんがやってくるぞ

勝手に男ひとり育児で自分を追い詰め、人生初のお弁当を四歳長男と二歳次男に持たせ、完食してくれたことに感動して落涙している四十九歳の父が切り盛りするわが家です。

いよいよ出産した妻が退院、新生児の三男がやってきます。

このときの私の気持ちは、えも言われぬ複雑なものでした。第三子の誕生はめっちゃくちゃにうれしいです。抱っこしたい！　そして妻の退院ももちろんうれしい。

でも、これまで経験した新生児との生活は、うれしい！　たのしい！　だけの日々ではありませんでした。食べるのも寝るのもウンチをするのも初心者の赤ちゃんを家庭に迎えます。すでに二人の赤ちゃんを育てた経験があるとはいえ、その経験ゆえに、楽な日々ではないことも重々承知です。

それに、赤ちゃんはみんなびっくりするくらい違うということを、まさにその二人に教えてもらったわけで、これまでと同じようにすれば万事ＯＫとはいかないだろうことも想像できます。とりわけ、新生児は夜八時に眠ったら朝の七時までぐっすり、というわけでは全然ない（少なくともわが家の長男次男のやんちゃコンビが赤ちゃんだったときは）ということが親にとっては小さくない要素です。愛しいわが子が寝ない、すなわち妻が寝不足、そして不機嫌という日々がたぶん待っています。あな恐ろしや。

次は妻の帰還。もちろん一〇〇％うれしいんですが、産後しばらくはゆっくり養生してもらわなければなりません。私にどれくらいのことができるのか、妻にどれくらい頼っていいのか、手探りの日々がしばらく続くはずです。

手探りの日々というのは、すり合わせの日々でもあるわけで、妻にしてみれば「言わなくてもやってくれていると思ってたのに」ということがあるでしょうし、私からすれば、よかれと思って言われなくてもやったのに、それがかえって家事を増やすようなこともあるでしょう（そもそも産後にかぎらず、すり合わせって無限に続くんだよな……）。

もうひとつは、父親の慣れぬ家事になんとなく協力してくれた長男次男が、ママが帰ってきて、でもそのママはけっこう赤ちゃんにかかりきりになるわけで、どんなふうに感じ、どんなふうに変化するかということです。お兄ちゃんだよ～！　と赤ちゃんをかわいがるのか、自分が受け取るはずの愛情を横取りされているような気分になって拗《す》ねるのか、それともなにかしらのステップアップがあるのか、ちょっと想像がつきません。想像はつきませんが、でもちょっと楽しみでもあります。

肩で息するようなギリギリの日々を終えた安堵感と達成感、妻が帰ってきてくれる安心感、赤ちゃんを迎えるうれしさと覚悟、家族のバランスがどんなふうに再構成されるのかという難しい予想。つまりまあ、複雑な気持ちってそういうことです。

お疲れ様、と妻に渡す花を産院に向かう途中の花屋さんで長男次男に選んでもらい、小さな花束を二つつくって、お昼前に妻と赤ちゃんを迎えに行きます。コロナ禍の出産で、赤ちゃんとの（オンラインでなくリアルな）対面も初めてです。

たすく、さとるの長男次男コンビに「いい？　ママに会ったら、おめでとうって言ってこのお花を渡すんだよ」と伝えていた作戦ですが、当然ながら思ったようにはいかず、ママー！　と駆け寄った次男は花束を渡すことを忘れ、長男はなんだかモジモジしていて、それぞれが「らしさ」を発揮したお迎えでした。

長男、次男と私は母がいないとはいえ三人で過ごしていましたが、妻のほうは、赤ちゃんと過ごす時間はあるものの、慣れたわが家から離れて四泊五日を過ごしたわけで、長男次男のでこぼこコンビのお迎えはやっぱりうれしそうです。

私はというと、妻にお疲れ様、と声をかけ、おくるみに包まれた赤ちゃんと対面。初めての外の風にふわふわと髪の毛が揺れています。曇りの日でしたがちょっとまぶしそうに顔をしかめています。生まれてから五日間も会えないのは初めてなので、なんだか変な感じです。

はじめまして。お父さんだよ。

男はエコー写真が宇宙人に見える⁉

余談ですが、最近は妊婦健診のエコー検査で、お腹のなかの赤ちゃんを陰影のついた立体的な写真（といってもエコーのデータをもとにコンピューター作画したものですが）を見ることができます。五年前、長男たすくがお腹にいるとき、これを見た妻は「いやーん！めっちゃかわいい!!　鼻が高いのはあなた似かな。うちの弟にも似てるかも。もうけっこうおっきいんだって。ほら、この写真なんて、あくびしてるねん。やーん！　かわいいわぁ」とうれしそうでした。ただ、すべての女性を敵に回しそうですが、その写真を初めて見たときの私の第一印象はというと、

「宇宙人？」

コンピューターでピンクに色付けされた、不鮮明なのに妙にリアルな写真は、キュートな赤ちゃんのイメージよりも、大きな目を持つグレイの宇宙人（とされるアレ）を想像させました。少なくとも私の場合。

あまり男女の違いで物事を論じたくないと普段は思っているんですが、この写真を前にした妻との反応の違いはかなり印象的でしたし、あまりに反応が違うので周囲の子どものいる男性の同僚に聞くと、案の定というかなんというか「そうやねん、かわいいわが子のはずやのに、あの段階でなかなか、めっちゃかわいいやん！　とはなられへんよな」という複数の証言を得ました。

一方で、同じ3Dエコーの写真を女性の同僚に見てもらうと、みなさん「うわ、ちっちゃ

いお手々！　かわいい！　けっこうしっかりした顔立ちやね！　この時点ですでにちょっと西くんに似てない？」と（気づかいかもしれませんが）ちやほやリアクションが返ってきます。こうなると、どうも男女で子どもに対する愛着が生まれるタイミングが違うのは間違いなさそうです。

生まれたあとも実は同じようなギャップは感じていて、長男たすくがわが家にやってきたとき、この「愛情が立ち上がる時間差」にけっこう振り回されたように思います。

壊れそうな華奢《きゃしゃ》な赤ちゃんをどう扱えばいいのかわからない戸惑い、やらなければならないことが次々に現れる戸惑い、首がすわらずグネグネの赤ちゃんをお風呂に入れることの戸惑い、そして「妻」が「母」に急激に変わることへの戸惑い（これはデカい）などなど、戸惑いばかりが先に立ち、なにより、**すぐに「愛情いっぱいモード」にならない自分**に対していちばん戸惑う。あれ？　俺って冷たいのかな？　ちょっとおかしいのかな？　とさえ思いました。

もちろん、その後、寝食をともにし、目が動いたといっては喜び、座れたといっては喜び、離乳食を食べてくれたといっては喜び、といった日々を重ね、どんどんわが子がかわいくなってきたことは言うまでもありません。今では、おもちゃを片づけないことの言い訳をする姿すら愛おしく感じます。生まれる子どもへの愛着についての研究は山のようにあるでしょうから、私がずいぶん遅れてその経験をしているということだと思いますが。

さて、待望の三男がわが家にやってきた日に戻ります。前日のお弁当で知力と体力を使い果たし、豪華ランチで妻を迎える余裕などあろうはずもなく、それは妻も重々理解してくれていて、ニコニコと車に乗り込み、愛しのわが家へ。帰宅するとすぐに、家にあるものをちょちょいと料理してくれてお昼ご飯。この、「あるものでちょちょいと料理する」というのが、いかほどにすごいことかというのを学んだ育休スタートでもありました。

そして、私のこの日の大きな関心事だった、長男と次男が赤ちゃんに対してどんな反応を示すかということですが、長男は実に優しく「赤ちゃんがこっちを向いたよ！」「お口開けてる！　お腹空いたんかな？」とニコニコ。一方の次男は、「赤ちゃーん！　抱っこしたい！　こっち向かせたい！」と同じく愛情いっぱいの様子なれど、赤ちゃんの扱いが恐ろしく荒くて親たちはハラハラ。いや、兄弟って違うもんだな、とあらためて認識。十分もすると二人そろって「どろんこ遊びしたい」と公園に向かうマイペースな長男次男で、ちょっと拍子抜けするやらホッとするやらでしたが。

そんな感じで五人家族（！）の生活が始まったのです。

3

赤ちゃん返りが伝えてくれること

次男が高熱、もしや……？

妻と生まれて五日の赤ちゃんが帰ってきたわが家です。

次男が生まれて三年弱。ベビーベッドは早めにレンタルしてセットしたものの、哺乳瓶って捨てたりしてないよね？　新生児に使う「おくるみ」（バスタオルのように大きなガーゼだと思ってください）はどこに仕舞ったっけ？　と、新生児を迎える慌ただしさは三回目でも慣れることはありません。

ちなみにこの「おくるみ」は、タオルにもなり、昼寝の布団にもなり、緊急時には吐き戻した母乳を拭きとるのにも使える、たいへん便利なものです。大人用のおくるみがあったらほしいくらいです。

さて、親たちはそんなふうにバタバタと赤ちゃんを迎えるのに大忙しなわけですが、長男次男は寂しそうにするかと思いきや、長男たすくはニコニコと赤ちゃんを見ながら「ちっちゃいね」「たすくもこれくらい小さかったの？」「今、こっちを見たんじゃない？　たすくのこと好きなのかな?」と優しさで包み込むような反応。

一方の次男さとるは、赤ちゃんの頭をグリグリとなでて「ぎゃはー! 赤ちゃんだねー!」とか、お腹をグリグリと押して（本人はなでているつもりのようですが）「ねんねして! ねんね!」とか、なかなかアグレッシブ。それぞれのキャラクターが遺憾《いかん》なく発揮されていますが、愛情を横取りされたような気分になって拗ねるのではないかという親の心配は、今のところ杞憂《きゆう》のようです。

ところが。

赤ちゃんがやってきて二日目の日曜日。この日も「抱っこしたーい!」とキャラクター全開で張り切っていた次男さとるが、夕方になって急にスローダウン。なんだかぼーっとしています。抱っこー、と弱々しく要求してくるので抱き上げると、熱い。測ってみると三八・八度。あらら、こうなるんですか……。

月曜日は幼稚園を休んで近くの小児科に。わが家の子どもたちがお世話になっているヤマダ先生はひょろりと背が高く、白髪交じりでいつもニコニコしている優しい先生で、さとるを診て「コロナではありませんね。まあ、いわゆる夏風邪かな」とおっしゃいました。

ところが、私が、「うちに新生児がやってきて、はしゃいで疲れちゃったんですかね」と言うと、スッと表情が変わり、「RSの検査をしましょう」と即断。幼稚園でRSウイルス感染が流行していたせいもあるんですが、新生児が感染すると重症化することがあるんだそうです。新しいおもちゃでも買ってもらったかのように赤ちゃんを抱っこしまくり、チューしまくりの次男の姿を思い出してちょっと胸がザワザワしますが、結果は陰性。まずはホッとします。

私の世代が子どものころはひとくくりに「風邪」と呼ばれていたものも、RSだのマイコプラズマだのと、いろいろ分類されたり、リスクが詳しくわかったりで、安心できる反面、不安になることも少なくありません。このRSだって、感染がわかったところで特効薬があるわけでもなく、「症状が落ち着くまで安静にしていてください」というだけのことです。極端な言い方をすれば、風邪っぽい症状の原因がRSウイルスかどうかは、知ったところでどうしようもないことです。一方で、新生児にうつればちょっと大ごとになるかもしれないという情報は、どうでもいいと片づけられるものではありません。

しかし、さとるの発熱がRSウィルスによるものだったら、狭いマンションのなかで、さとると赤ちゃんをできるだけ遠ざけて生活しなくてはなりません。考えただけでもクラクラします。

やっぱりきた、赤ちゃん返り

次男は月、火と幼稚園を休み、家でおかゆのような食事。大好きなバナナもさほど食べません。新生児がやってきて最初に離乳食を食べたのは君だったか。水曜日の朝は熱も下がり、多少元気になっていたので幼稚園に登園しましたが、お迎えに行くと、見るからにぐったりとした様子です。いつも元気に歩いて帰るのに、幼稚園で私の姿を見るなり、ヨタヨタと近寄ってきて、小さな声で「抱っこ……」。再び体調は悪化したようです。

その後も、朝は元気でも夕方には熱が上がるという日が続きます。そして、出された食事に対して「違う！　食べない！」、お箸を出せば「スプーンがいいの！」と大声を出したり、食卓に座る位置をめぐって「さとるがそっちに座りたい！」と長男に難癖《なんくせ》をつけたりといったわがままを言うようになってきました。
とくに困ったのは、私がトイレについて行ったり（現在、トイレトレーニング中です）、歯磨きの仕上げをしようとしたりすると「違う！　ママにしてもらうの！」とかんしゃくを起こすことです。手を洗うのもママ、身体を拭くのもママ、なにより、機嫌が傾くたびに「ママ抱っこ！」と、ママ限定の抱っこ要求の嵐。妻は授乳のために四六時中、赤ちゃんを抱っこしなくてはなりませんし、出産直後でほいほいと次男を抱っこできるような体調でもありません。でも、私が代わりに抱っこしようとすると全力で拒否し、妻の脚にしがみついて泣きます。あれれ？　これは、世にいう

「赤ちゃん返り」？

いや、でも単に体調不良で不機嫌なだけでは？　父と母は希望的観測にすがります。でも、おおよそ二週間が過ぎ、熱が上がったり下がったりのループからなんとか抜け出せたあとも、かんしゃくとわがままはなかなか収まりません。

さとる「お風呂はママと入りたい！」
妻「いや、赤ちゃん産んだばかりで、今はお風呂には入れないのよ」↓号泣
さとる「ママが着替えさせて！」
妻「今は赤ちゃんのオムツ替えてるからパパに着させてもらって」↓号泣
さとる「靴はママがはかせて！　いつもの靴はイヤ！　にぃにぃ（長男）と同じがいい！」
妻「おんなじ靴なんてないわよ。いつもの靴、似合ってるよ」↓号泣

そして千本ノックのように続く
「ママ抱っこ！　パパじゃない！　ママ！！！」

振り返って申し上げるなら、これはまあ、立派な「赤ちゃん返り」なんだろうと思います。妻はこの二週間について「記憶が曖昧なくらいキツかった」と言っています。新生児については妻しかできないことが多いうえに、次男のわがままが妻に集中している状況で、

そりゃそうだろうと思います。

私は私で、妻のあきらめ顔を横で見なくてはならない無力感は小さくありませんでした。なんのために育休取ったんだー！　なんてちょっと思ってしまったりもしました。


そんなわけで、赤ちゃん返りについて、こんなふうに乗り越えました、などという教訓めいたことは書けません。たいへんでした。めちゃくちゃに。次男のかんしゃくはだんだんと減ってはいきましたが、今でもときどき爆発しますし、比較的順調だったオムツからの卒業は、この時期を境に数週間、いや数ヵ月は後退した感があります。

ただ、これを「いやぁ、悪夢でした」で片づけたくもないんです。三歳前のさまざまな変化のなかで、本人も悩んだり、小さな身体で日々、格闘したりしているはずです。お箸を使えた、トイレでオシッコができたと言っては喜び、紙パックのジュースにストローをさして噴水のようにこぼしてうなだれ、コケて膝をすりむいて泣き、そして新しい家族が加わって、はしゃいで、熱を出して、いっぱい駄々をこねて。今、嵐が過ぎてくれてよかったと思いつつ、自分で説明できない二歳八ヵ月に代わって、あれはなんだったのだろうと、大人が考えなきゃならないんだろうと思います。

何度も「赤ちゃん返り」という言葉を使っていますが、本当のことを言えば、そんな簡単な言葉で片づけることすら、本当はよくないのかな、とも思います。

次男さとるにはさとるの個性があって、はいはい、赤ちゃん返りね、こんなふうに対応すれば大丈夫ですよ、なんて、彼に失礼なんじゃないかと。

長男はわりと静かに五人目の家族を受け入れたように見えますが、それだってちゃんと目を向けていないとな、と思います。

ベタにいえば、それこそ**「子育て親育ち」**ってことなんでしょう。

いや、それにしても最愛の息子から「パパ嫌い！　あっちいって！」の連打を浴びると、わかっちゃいるけど凹《へこ》みます。いつかくるであろう反抗期のことなんて、今は考えたくないです（涙）。

「育メンですね」は、しっくりこない

最近、長男が幼稚園の同級生からカブトムシをもらってきたわが家です。山でたくさん捕ってきたのかと思いきや、去年捕まえたカブトムシがイチャイチャして卵を産み、その結果、家に五〇匹くらいカブトムシがいるんだそうです。私も田舎育ちなのでカブトムシを捕まえたことはありますが、五〇匹のカブトムシを飼ったことはありません。どうやって飼育しているんでしょう。そして来年はどうなるんでしょう。ちなみにわが家のカブトムシもイチャイチャしてたんですが、どうなるのでしょうか……。

育休を取ったことを知人に話すと、「育メンですね」と言われることがあります。相手は褒《ほ》めてくれているのだと思うので「どうも」と応じるんですけど、微妙にしっくりこない感じです。

育メンというのは「育児に積極的に関わっている（素敵な？）男性」ってことだと思い

ます。さして主義主張があって育休を取得したわけではないと、前にも書きましたが、育児への関与を評価されると居心地が悪いというのは、我ながら不思議です。そもそも男性は育児に関わらないもの、という前提がチラつくせいかもしれませんし、そんなにあっさり評価せんといてよ、というちょっとひねくれた気分があるのかもしれません。

長男、次男の誕生後も、育休こそ取りませんでしたが自分なりに精一杯、育児には関わったつもりですし、逆に育休を取ったとしても、育児や家事にどう関わるか、それが家族にとっていいものになるかどうかは、これからの私の行動次第です。まあ、育休を取っている時点で積極的に育児に関わるつもりなのだろうということは推測できるわけで、素直に受け取ればいいんでしょうけどね。

「寝不足の私は別人やと思って」

さて、妻と赤ちゃんが自宅に戻ってきて、長男、次男のときと同じ、赤ちゃんとの生活が始まりました。赤ちゃんによって多少の差はあると思いますが、うちの子は二、三時間おきにおっぱいを飲みます。おっぱいを飲んだらすぐにすやすや寝るとはかぎらなくて、なだめたりすかしたりして寝かしつけなくてはなりませんし、飲めばやっぱり出るものは出るので、オムツも替えなくてはなりません。そして、それは夜でも変わりません。

そう。夜でも変わらないのです。

当たり前やん、と思われる方もいらっしゃるでしょうが、長男たすくが生まれたときは、え？　そうなん？　二十四時間？　と夫婦そろって愕然《がくぜん》としました。だって、大人は朝まで寝るじゃないですか。夜中にトイレに行くことはあっても、一回か二回でしょ？　お腹が空いて目が覚めるなんて、私、年に一回もありません。まあ、端的に言えば覚悟が足りなかったんですが、赤ちゃんの親がこんなに寝られないものなのかと痛烈に思い知らされたのでした。

そんなわけで、赤ちゃんとの生活はすなわち、妻にとっては寝不足の日々でもあります。って、なに？　母親だけがそれを背負うわけ？　とお思いの方もいらっしゃると思います。もちろん、ミルクで子育てをすれば男性が赤ちゃんの要求に応えることはできますし、じっさいにやっているというご家庭も多いはずです。母乳で育てるかどうかについてはいろんな事情や考え方があって、軽々に評価することはできません。

うちの夫婦は、私も妻も、母乳至上主義というわけでは全然ありませんが、しっかり母乳が出る妻が「せっかくおっぱいが出るんだから、おっぱいで育てたい」という気持ちでいるので、長男も次男も、朝も昼も夜も、妻が直接、授乳しました。本当にたいへんだと思いますが、今回、三男も基本的には同じように妻のおっぱいで育てる方針です。

ちなみにわが家では、長男が生まれたあとから、私だけ寝室とは別の部屋に布団を敷いて寝ています。妻は「私のことはいいから、とにかくあなたは夜はしっかり寝て。寝ぼけ顔で仕事に行かせたくないから」とありがたいことを言ってくれますが、ぼそっと「イビキうるさいねん」と言ったこともあります。どちらがリアルな本音なのかはわかりません。

三人目の息子を迎えるにあたっては、寝る場所をどうするか、夫婦でけっこう話し合いましたが、とりあえずということで長男、次男、妻に加えて、ベビーベッドも寝室に、私だけが相変わらず別の部屋で寝ています。妻がいろいろ背負いすぎではないかと思っているのですが、いずれ子どもたちが大きくなってくるといろいろ変わってくるのでしょう。

朝六時半、長男、次男が寝室からタタタッと廊下を走ってきて、寝ている私の上に容赦《ようしゃ》なくのしかかってきます。無理やり起こされるわけではありますが、私にとっては至福のスキンシップ時間でもあります。しばらく寝床のなかで、なぞなぞをしたり、レスリングごっこをしたり。それからのそのそ起き上がって、朝ご飯の支度を始めます。兄ちゃんたちは塗り絵をしたり、プラレールで遊んだり。

その後しばらくして赤ちゃんを抱っこして妻がリビングに来るのですが、かわいそうに七割くらいの確率で「全然、寝られへんかった……」と低い声でつぶやきます。その表情は本当にしんどそうです。

そうなのです。この**寝不足の妻とどう向き合うか**というのは、今回の育休の、ある意味で最大のテーマです。

夫婦生活はすり合わせの連続と以前にも書きました。たとえば、寝不足の妻の助けになればと、彼女が寝ているあいだに洗濯物を洗濯機に放り込み、ベランダに干したとします。すると、あるときは「え！　やってくれたん？　ありがとう！」と言われ、あるときは「私のやり方があるねんから、いらんことせんといてよ、もう」と言われたりします。なんという不条理でしょう。夫婦初心者のころは「なんでやねん、言うてることとちゃうやんけー」などとぶつかることもしばしばでした。それほどに寝不足は人の余裕を奪います。それに、不条理と夫は思っていても、妻のほうは「なんと空気の読めない旦那だろう」と思っているはずなのです。知らんけど。

夫婦生活七年、子育ても三人目ともなれば、それくらいでイラっとしたりはしないぞ！と強い決意をもってこのたびの三男を迎えたのに、夜のあいだに起こるすべてのことを背負ってくれている妻に対しては超ウルトラ最大限の敬意と感謝の気持ちをもっている私なのに、ああそれなのに、なぜかなにかの地雷を踏《ふ》んでしまい、踏んだほうもなぜだかムキになり、実に取るに足らない諍いがしばしば起こります。

それはもう、朝食のデザートはバナナやろ？　いやさっきキウイにするって言うたやん、とか、子どもたちの食事のときの態度に対する注意の言い方がきつすぎる、いやそんなことない、とか、もう書くのも恥ずかしいくらいどうでもいいことばかりです。

そこにもってきて、私のほうも、自覚はないのですがけっこう理屈っぽいらしく（よく職場でも言われるので、じっさいそうなんでしょうけど）、「キウイにすると言ったあとに子どもたちがバナナがいいと言ったんだ。食べるのは子どもたちなんだからバナナでいいと俺は思う」とか「先日は子どもの同じ態度をニコニコと見守っていたのに今日はきつく注意するというのはよくないよ」などと杓子定規《しゃくしじょうぎ》なことを言うものですから、余計に話がややこしくなります。

先日も、子どもたちが寝たあと、つかの間の静寂のなかで私はビールを、妻はノンアルコールビールを傾けながら、どうすればあのトゲトゲしたやりとりをなくせるだろうと話し合ったのですが、妻が「もう、寝不足の私は別人やと思って。あれは私じゃないねん。スルーしてくれていいから」などと言います。

いや、本当にスルーで解決できるのならこんな楽な話はありませんが、「ああ、はいはい、別人格だからスルーね」などという態度をとろうものなら、これはもうえらいことになるに決まってるじゃないですか。

だからもう少しぶつかり合わないルールをつくってだね、なんていう理屈っぽさがまたあかんのでしょう。知らんけど。

おつかれサマーの夏休み

わが家にやってきた三男を、**「のぞむ」**と命名しました。まったくの偶然ながら、わが家は「やすし」「きょう」ともに名前が一文字の夫婦なので、長男は「たすく」、次男は「さとる」と（漢字はいちおう個人情報として伏せますが）一文字の名前をつけてきました。こうなると三人目も一文字にするのがいいかなと思っていました。

いっそのこと「なんとか左衛門」みたいな長い名前もいいかなと、チラッと思いもしましたが、大きくなってから拗ねても困るので、兄弟らしい名前に落ち着きました。コロナ禍に生まれてきたことも多少は意識のなかにあったのかもしれませんが、こんな時代に「のぞみ」がなくてどうする、と親の勝手な思いを託《たく》しました。

さて、三男のぞむを迎えたわが家、生活がどんなふうに変わったでしょうか。

長男たすくは穏やかに、そして少し遠慮がちに新しい家族を見守り、次男さとるは「のぞむー！　のんちゃーん！」と頭をグリグリなでて寝た子を起こして、妻から雷《かみなり》を落とされています。どちらも愛情をもって新しい家族を迎えているとは思いますが、のぞむの誕生を機に、それぞれが劇的に変化、あるいは成長したかというと、うーん、よくわかりません。毎日一緒にいるせいで変化に気づかないだけかもしれませんし、そもそも四歳や二歳の子どもが「俺も兄ちゃんだし、しっかりしないとな」なんて思うものではないのかもしれません。

妻は、前にも書いたように二十四時間、のぞむの授乳要求に応えねばならず、常に睡眠不足の状態に突入です。ただこれは長男、次男のときも同様でしたから、想定されていたこととも言えます。もちろん、だから妻がしんどくないという意味では決してありませんし、多少は学習してもよさそうなのに（ホンマにアホやと思いますが）、寝不足ゆえの夫婦の感情的なぶつかりもときどき起こります。

そんななか始まった、夏休み。

夏休みですよ、夏休み。子どものころを思い出すと「いやっほーい！　夏休みだぁー!!」です。朝はゆっくり寝られるし、おばあちゃんちに行けるし、麦茶は飲み放題だし、絵を描く宿題と自由研究には追い詰められましたけど、それを差し引いても楽しさ全開です。私の小学生時代の母校ではプール開放日というのがあって、夏休みでもプールに入れて、授業ではないのでただただプールで遊べました。ダメだと言われているのにプールの底に沈んでいる塩素消毒用の錠剤でキャッチボールして監視の先生に怒鳴られたりしてました。まあ、それも含めて、楽しい思い出しかありません。

ところが、大人になってみると、子どものいる母親の多くが夏休みを迎えると深いため息をつき、「子どもがずっと家にいるなんて、ほんまにしんどい。ああ、しんどい」と言います。独身時代の私はそれを聞いて「なんて薄情《はくじょう》なんだろう。自分の子どもと目一杯触れあえるのに」と思っていました。本当にそう思っていたんです。でも、今ならわかります。

いやぁ、これはなかなかたいへん！

まず、子どもはすぐに飽《あ》きます。お絵描きをしていても三十分もしないうちに「もう描かなーい」とボール遊びを始めます。楽しそうにしているので、ボール遊びをするのならサッカーを教えてやろうと、こう蹴《け》るんだよ、とか言うと、とたんに「もういい」などと言って親の意図をあっさり裏切ります。しまった、もっと自由に遊ばせるべきだった。見《み》透《す》かされている、と感じます。

次に、逆説的ですけど、子どもはなかなかやめてくれません。東京オリンピックの開催の是非はさておき、私が興味のある陸上競技や柔道をテレビで見ていると、当然、子どもたちも「これなに？」と言って見ます。とくに長男はもうすぐ五歳という年齢もあるのか、初めて見るものには興味津々で、矢継ぎ早に質問してきます。柔道では相手を倒して背中が畳についたら勝ちなんだよ、とざっくり説明すると、そのあとは和室でひたすら背中を畳につける格闘を続けることになります。いいかげん飽きてくれないかなと思っても、そこは忖度《そんたく》してくれません。

七月下旬、好天が（つまり灼熱《しゃくねつ》の日々ですが）続いた時期、長男は公園でのセミ捕りにハマりました。次男はセミを触ることができませんが、それでも網と虫かごを持って、いっちょ前についていきます。親のほうはカバンに水筒を入れて同行。来る日も来る日も、判で押したように公園に出かけ、セミを探し、そのくせけっこうビビりなので、簡単に捕まえられそうなセミほど「パパが捕まえて！」と網を押し付けてきて、背の届かないところのセミについても私に捕獲命令が下り、誰がセミを捕っているのかわからない日々を過ごしました。

そのうち私も、木を見上げると自然にセミを探すようになり、捕獲率も格段に上がって、気がつけばもはやセミプロ（失礼）。お、最近少なくなったアブラゼミやないか！　と捕獲して振り返ると、長男次男そろって泥遊びしてんのかーい！　という、凝《こ》り性と飽き性のモザイク的な日々を過ごしたのでした。たまに会う幼稚園の同級生のお母さんとは「夏休み、長いですねぇ」と苦笑いしながら言葉を交わしました。

八月の半ばには、逆に季節外れの長雨がありました。各地の災害を思えば、生死に関わらない家庭内の事情を申し上げるのは憚《はばか》られますが、晴れの日がたいへんなら、雨の日もまあたいへん。コロナ禍で出かける場所も限定されるなか、プラレールのパーツはいくつあっても足りません。

え、俺、自分の子どもにイライラした？

そうなんです。思い出のなかの夏休みと、親になってみての夏休みは、見える景色は同じでも、感じ方はずいぶん違います。

いくら言ってもおもちゃを片づけない、いくら言ってもソファでジャンプを続ける。いくら言っても公園から帰らない。ご飯を食べる前にアンパンマンふりかけを延々と選び続ける。ご飯が始まったと思ったら、トーク全開になって、お箸がまるで進まない。コップにお茶を入れた瞬間に、やっぱり牛乳がいい、と言い放つ。

「イラっとしたらあかん！」と自分にどれほど言い聞かせたか。でもね、イラっとするんです、人間やもん。

話が飛躍しているようですが、ニュースを扱うなかでしばしば虐待《ぎゃくたい》について報道することがあります。個々の事情や環境があるのでひとくくりにはできませんが、子どもを授かる前は「わが子に手を上げるなんて信じられない」と憤《いきどお》っていました。そして、それはきっと親としての自覚のない、「未熟な親」なのだろうとも。

もちろんそうなんです。わが子に手を上げることはあってはならないことです。ですが、先ほども書いたように、子育てのなかで、どうしたってフラストレーションがたまる瞬間はあります。これまで妻に「子どもに対して感情的にならないように」などと言っていた私ですが（それは今でも間違っていないとは思っていますが）、育休を取ってみて、その姿勢を日常的に維持し続けることが、なんとベラボーに難しいことだろうと思い知りました。簡単に言っていたわけではありませんが、でも、その難しさへの理解が足りない「週末パパ」だったのだなぁと思います。

　イライラ＝虐待ではありません。でも、自分の子どもに対して一瞬でも負の感情を抱く瞬間、自分で自分の感情にドキッとします。え、俺、今、自分の子どもにイライラした？と。

「いい加減にしなさい！」というひと言が、冷静なしつけの言葉として発せられるか、イライラの爆発で発せられるか、ということではあります。親としては常に前者を目指すわけですが、我々はＡＩではありません。常にぶれない基準で子どもに接するのは相当に難しいことなのだと、楽園ベイベーな子ども時代の夏休みの記憶と、この夏の親目線の夏休み体験の比較で痛感しました。

　そしてそれは、虐待に対しての理解がガラリと変わる経験でもありました。虐待は特殊な出来事ではなく、我々の日常の延長線上にあるのだろうということ。そして虐待する親を「未熟な親」と断罪するなんて百年早くて、**親なんてみんな未熟**なんだろうと、今は思うのです。

いやぁ、それにしても、ルーキーのぞむを抱えた夏休み、私が会社に勤務し、妻がその間、ひとりで三人の面倒をみるというのは、想像するだけでエライコッチャです。首のすわらない新生児を抱っこして灼熱の公園で長男次男のセミ捕りに付き合うなんて、ちょっと不可能だと思います。

少なくともこの夏休みに関しては、育休を取って本当によかったと思うのですが、私が軽く小鼻を膨《ふく》らませて「な、俺がいてよかっただろ？　助かっただろ？」などというオーラを出してはなりません。出てないよね？　でも、本当に、そういうところも含めて未熟ってことなんだろうなぁ。

たまたまだった？育休取得

わが家の夏休みが終わろうとしています。

うちのマンションのとなりに小さな公園があるのですが、夏休みのあいだ、そこはセミ捕りの主戦場であり、泥遊びのステージであり、兄ちゃんが滑り台を頭から滑り、それを弟がマネしておでこに擦り傷をつくるという学習の場でした。先日、ざっくり広さを測ってみたら、大人の歩幅では東西に四〇歩、南北にいたっては一二歩でした。なんとも小さな公園ですが、子どもの記憶にはどんなふうに残るんでしょう。

そういえば、八月半ばの長雨を境に、セミはほとんど姿を消してしまいました。長男はクマゼミをわしづかみにできるように、次男もチョンチョンとセミの背中をつつけるようになり、かくいう私も、子どものセミ捕りに付き合い続け、ひとりで出歩くときも目が勝手に街路樹のセミを探すようになったというのに。

夏休みのあいだに、長男たすくは五歳の誕生日を迎えました。たすくが生まれたときには五歳の男の子というのがどんな感じなのか、なかなかリアルに想像できませんでしたが、ちょっと内弁慶ながら、優しく、朗《ほが》らかでいい子に育っていると思います。家では「ウンチ！　オシッコビーム！　おなら攻撃!!」と叫んで廊下を走り抜けるのに、幼稚園の朝のあいさつはモジモジ。まあそんなもんですよね。二歳の次男まで一緒にウンチ、オシッコと叫んで走り回っているのは、間違いなく兄の影響です。なんちゅうこっちゃ。

ちなみにたすくは「五歳やからチョコレート食べれるもん」とバースデーケーキにはチョコレートケーキをリクエストしたのですが、本格的なチョコレートは五歳には苦かったようで、「食べれるけどな、食べれるけど、パパにあげる」と強がりながらほとんど残しました。もちろん、アンパンマンのペロペロチョコは大好きです。

少しさかのぼって七月初旬に、私は五十歳になりました。見識も足りず、精神的な成長も足りず、まさに馬齢《ばれい》を重ねた五十年と情けなく思う一方で、椎間板《ついかんばん》ヘルニアによる神経痛で左脚は常に痛いし、白い髪の毛は生えてくるのに黒い髪の毛は生えてこないし、老眼鏡なしでは絵本の読み聞かせはできないありさまで、身体的にはしっかり五十歳という年齢なりのパフォーマンスです。とくに左脚の神経痛はなかなか重症で、育休中も、もうちょっと身体が動いたら、家事も育児ももっと楽しいのに、と悔しく思うこともままあります。まあ、でも、それが五十歳ってことなのかもしれません。**うぅ、がんばれ、俺。**

五十歳で三人目の息子を授かるというのは、なんというか、実に興味深い出来事です。妻は四人きょうだいで育ったこともあるのか、子どもは多いほうがいいという意見、私は自分の年齢もあって、まあ二人くらいがちょうどいいのでは、という意見だったので、自然にまかせるなかで、半ば計画的、半ばハプニングで授かったという感じです。性分として計画的であることを良しとしてきた私ですが、望外の喜びとして新たな命を授かったことで「ま、計画とかはどっちでもいいや」と吹っ切れた感じがありました。いいから楽しくやろう、みたいなモードに切り替わったといえばいいでしょうか。

とはいえ、還暦を迎えるとき、三男のぞむはまだ十歳。**ひー！　まだまだがんばれ、俺！**

さて、年齢の近い三人の面倒をみなければならないということと、コロナ禍の出産という理由で、育休を取る判断をしたと、以前にも書きました。そして、育休の取得について「よ！　育メン」なんて言われると、実に居心地が悪いということも書きました。その居心地の悪さについてもう少し。三人目だから、コロナ禍でサポートを受けにくいから今回は育休を取ったんだと説明はするものの、微妙に語り尽くせていない感じがしていたのです。

長男たすくが生まれたときも、次男さとるが生まれたときも、育休は取得しませんでした。実は、脳裏をかすめもしませんでした。精一杯、育児の「サポート」をしようとは思っていましたが、会社を休んで一緒に家事、育児に専念しようとは、本当にまったく（！）考えなかったのです。

そう、**昭和生まれの私の頭**では、子どもが生まれたから会社を休むということを思いつかなかったのです。次男が生まれたあと、妻が身体的にも精神的にもかなり参っている時期があって、そのころにチラリと会社を休んで支えたほうがいいのではないかと思ったことはありましたが、それとて、今日、休んでいいですか？　というレベルで、育休には程遠いし、結局はそんな一日二日の休みすら取りませんでした。妻も「会社を休むまでしなくていいから」と言っていましたが、今思えば、相当無理をしていたと思います。

周りに子どもが生まれて育休を取っている男性がほとんどいなかったこともあるかもしれませんが、二人とも世間の「普通」を意識していたのだと思います。「普通」というのは目に見えないくせになかなか強固なものなんだと、だいたいはあとになって気づきます。

次に、仕事のことです。

長男や次男が生まれたころは、月曜日から金曜日までの、我々の業界で「帯《おび》番組」と呼ぶ番組を担当していました。情報番組の「ちちんぷいぷい」を担当したあと、夕方の報道番組「VOICE」、「ミント！」のキャスターとして、毎日テレビに出演する日々がかれこれ十年ほども続きましたが、三男のぞむが生まれる少し前の二〇二一年の春に、力及ばず担当番組が終了。平日は毎日、テレビに出ている状況から、レギュラーは週に一回だけになりました。

レギュラーのない日は、アナウンサーとしての基本的な業務や、単発で依頼される指名の仕事をやりながら、さあ、次はどんなことをやろうか、テレビ？　ラジオ？　イベント？という、言ってみればアイドリング状態です。これ、アイドリングとか捲土重来《けんどちょうらい》なんて目一杯ポジティブな表現で、五十歳で帯のレギュラー番組がなくなるというのは、個人的にはけっこうキツいことです。これからサラリーマンアナウンサーとして残り十年、どんなふうに過ごすのか、という重い課題を突き付けられている状況ではあります。

ただ、この状況は、育休を取るのに絶妙なのです。そうなんです。ものすごく雑に言ってしまうと、「仕事が暇になった。子どもが生まれた。ほな育休取れるやん」なのです。

自分の過去を振り返って、脳内でいろんなシミュレーションをしてみます。子どもを授かったのが二十代だったら？　これからバリバリやるで！　というタイミングで仕事を長期間は休まなかったでしょう。三十代だったら？　仕事がノッてきて指名の担当番組も増えているなかで、育休を取りますからその仕事はできません、と担当を断れるか？　断れない、いや断らない気がします。

それどころか、三男が生まれるのが半年早かったら、帯番組を担当していた私は、育児休業は取らなかったかもしれません。うん、きっと取らなかったでしょう。

「仕事が忙しかったら、中断したくなかったら、育休は取らない」という価値観がどっかりと自分のなかにあることを、皮肉なことに育休を取ったことで見つけてしまったとも言えます。見つけてしまって「え、俺、古っ！」とびっくりもしています。

もちろん、夫婦の合意の上で男性、あるいは女性のどちらかが仕事に専念するというライフスタイルを否定するわけではありません。ただただ、育休を取った自分がこんな価値観のもち主だったのかと驚いているのです。

いいからちょっと休んでみなよ

そんなわけで、育休取るなんてすごいですね、なんてお褒めいただくと、おしりあたりがこそばゆいのです。別になにかに風穴を開けたわけでもないし、そもそも会社勤務の女性は、選択しようにも否応なしに産休、育休を取るわけで、たまたま取りやすいタイミングで、しかも三男になって初めて育休を取ったことを評価されると、いやいやいや、それは申し訳なさすぎ、なのです。

でもね。

幼稚園の夏休みに入った翌日の七月二十二日に、今年初めて、マンションのベランダでプールを膨らませました。いつも着替えにやたらと時間のかかる兄弟なのに、さっさと水着に着替えて、おでこにゴーグルをのっけて、水鉄砲を持って、早く早くと急かしてきます。うちの長男次男でよくあることなのですが、親がやっていると、自分が膨らませたい！と空気入れの奪い合いが始まります。そのくせ空気入れを任せたら、二分もしないうちに飽きるのです。

こらー、そんなことしてたらいつまで経ってもプール膨らまへんぞー、とたしなめるのですが、こんなふうにケンカの仲裁をできるのも、ワクワクした顔を見られるのも、「ここにいる」からだよなぁ、と、ふと思うのです。育休でなにができるかということも大切ですけれど、「ここにいる」ことから受け取るものは小さくないと思います。

だから、風穴を開けようが、たまたま取りやすいタイミングだったから取ったのであろうが、育休の日々は、私にとっては最高の経験の連続です。子どもが生まれたすべての男性に（あと、若かりし日の自分にも）、「いいからちょっと休んでみなよ」と臆面《おくめん》もなく言えます。

もちろん、家にいるってことは職場にいないってことですから、仕事を休むことに不安がないといえば嘘になりますが、ここにいることを最高だと思えるなら、それはやっぱり、とても純粋に最高なんだろうと思います。

さあ、育休も残り一カ月。そのあいだに、私はなにを受け取るんでしょう。ワクワクします！

二学期はオムツ問題とともに

わが家に生まれた三男のぞむは間もなく生後三ヵ月。おっぱいをよく飲み、順調に大きくなっています。

三〇五六グラムで生まれたのが、もう五五〇〇グラムを超え、ふにゃあ、というかわいらしい泣き声も、大音響の「ふぎゅあーーーーー！」的なものに変わってきました。

先日、新聞に、ＡＩが泣き声を分析して赤ちゃんがなにを求めているのかを判断できるという記事が載っていましたが、妻は「は？　そんなん余裕でわかるよ」と鼻で笑っていました。さすが三人の男の子の母親です。私は未だにその「ふぎゅあー！」が、腹減ったんや！　なのか、オムツ濡れてるねん！　なのか、眠たいねん、はよ抱っこしてユラユラせんかい！　なのか判断できず、毎回オロオロします。泣き声分析力は、妻→ＡＩ→私の順です。無念。

さて、幼稚園に通う長男たすくと次男さとるの夏休みが終わりました。長男の同級生のお母さん、コタニさんとは、連日の公園でのセミ捕りの盟友ですが、そのコタニさんが、夏休みにずっと子どもが家にいるたいへんさについて語り合うなかで「早く終わってほしい、と思っていたけど、終わるとなるとやり残したことがあるような名残惜《なごりお》しい気分です」とおっしゃっていました。いや、本当にまったく同じ気分です。

コロナ禍の夏休みで、旅行や帰省が思うようにできなかったという事情もありますが、そんななかでも、もっとがんばれば、もっと子どもの喜ぶことができたんじゃないかという不完全燃焼感や、子どものわがままに自分はすごく嫌そうな顔で反応していたんじゃないだろうかという罪悪感で、妙にフワフワした感じです。単純にやっと終わったね、でもないのです。子どもも一筋縄《ひとすじなわ》ではいきませんが、親は親でそれなりに複雑です。

長男たすくは慣れたもので、夏休みボケもとくになく元気に二学期を迎えましたが、次男さとるはちょっとソワソワしていて、前日から「明日は幼稚園ある?」と何度も聞いてきます。少し不安そうでもあります。親のほうもいろいろ考えますが、どうもトイレ問題を気にしているようです。

お兄ちゃんのマネをして背伸びしたのか、さとるのトイレトレーニングは驚異のスタートダッシュを見せました。トイレに行って、パンツ型のオムツを脱いで、座って用を足すことができるようになったのは、たしか二歳になって間もなくだったと思います。親としては「え、めっちゃスムーズやん！」と喜んだものです。

ところがその後、なぜかオムツのなかで用を足したいモードにリターン。大人はもう忘れてしまった心地よさがそこにはあるのか、トイレが遠い日々が延々数カ月も続き、親は困惑。

ところがどっこい、なんと三男が生まれる二日前、六月六日に突然、「にぃにぃと同じパンツをはきたい！」と言い出し、またまた親を驚かせます。パンツをはかせると、ちょっと恥ずかしそうに、そしてめちゃくちゃうれしそうに家じゅうを走り回りました。おお、ちょっと待ったけれどこういう日はいきなり訪れるんだね、などと、困惑から一転、ほくほくと喜ぶ単純な親。六月六日はパンツ記念日。

ところがまだハードルがありました。さとるはパンツをはくようになっても、家ではないところ（幼稚園を含む）のトイレで用を足すことは、断固として拒否するのです。夏休み前の幼稚園では、先生と綿密に打ち合わせをしてトイレに誘導するも数度失敗。夏休みに入ってトイレのある公園で遊んでいても、二時間も経つと、おちんちんを押さえて「おうちに帰る！」と泣き始めます。まだまだ遊びたいお兄ちゃんは「帰らない！」となるわけで、毎度毎度、親は右往左往です。

ではオムツに戻りますか、ということになるんですが、そこは親のほうもなんとかオムツを卒業してほしいという気持ちもありますし、一度パンツをはいた彼に、またオムツをはかせるとプライドを傷つけてしまうのではと心配です。二歳児にプライドなんて、とお思いかもしれませんがやっぱり気になります。これまでの経緯を見ていても、ガサツな言動とは裏腹に、けっこう繊細な部分がありそうで、親としても言い回しや、コトの運び方に慎重になりますし、夏休みはパンツをはいて過ごしたので、新学期を迎えるタイミングでうまく乗り越えられるのではないかと、性懲《しょうこ》りもなく期待もします。

私「ねえ、さとる。おうちではすごく上手にウンチもオシッコもできてるんやから、幼稚
　園のトイレも行こうよ」
さとる「いや」
私「大好きなH先生がついてきてくれるで」
さとる「いや！」

私「でも、幼稚園におるあいだ、ずっとトイレ我慢してたら病気になるで。お腹痛いって、なるのん、いややろ？」

さとる「ならない！　幼稚園のトイレ行かない！」

という押し問答が続きます。途中で長男たすくが「たすく、どこのトイレでも行けるで」と自慢顔で割り込んできて、よけいに空気を悪くします。この、すっとこどっこい。

致し方なく、本人の自尊心を考慮して避けていた提案を、妻がしました。

妻「……、じゃあ、オムツ、はく？」

するとその瞬間、さとるの表情はパッと明るくなって、コクリと小さく頷《うなず》き「さとる、幼稚園にオムツで行く！」と宣言。神オムツ、いや紙オムツをはくやいなや、モヤモヤが晴れたように家のなかを走り回る姿を見ると、さすがにもう、がんばってパンツで行きなさい、とも言えません。

プライド云々《うんぬん》というのは親の取り越し苦労だったのかもしれませんが、小さな身体で走り回り、大きな目でいろんなものを見つめ、吸収している彼のなかには、やっぱりいろんな譲れないものがあるのだと思います。ちなみに二学期になってオムツで通い始めても、一度もオムツを濡らさず、「早く帰っておうちのトイレ行く！」と言いながら帰る日々です。やっぱり、彼なりに戦っているんだと思います。

これまで、一緒にお風呂に入ったり、手をつないで幼稚園に行ったり、週末を一緒に過ごすなかで、子どもたちの成長や悩みを感じてきたつもりではいましたが、育休でずっと家にいると、これを妻はひとりで受け止めていたのかと思うことがいっぱいあります。

私が家にいても、子どもの変化に戸惑うことが減るわけではありませんが、「一緒に右往左往できる」ということの意味は小さくないのかも、とは感じています。

兄弟を競わせていいのかな

それにしても、日常のいろんな場面で親の悩みは尽きません。たとえば食事。

長男たすくは朝食からトークが絶好調です。ティラノサウルスはいつ生きてたの？　去年？　パパが生まれる前？　平清盛よりも？　ねえ、カブトムシの交尾ってどういうこと？　うん、もう何千万年っていう昔で、じぃじもばぁばも生まれてないころだよ。平清盛なぁ、けっこう昔の人やけど、ティラノサウルスよりは最近の人やねぇ。交尾はね、そうやな、こんどまた教えてあげるわ。はい、ご飯パクパク食べようね。

一方の次男。「ヤーミーヤ！」とEテレで覚えた（らしい）歌をいきなり大声で歌いだしたかと思えば、急に静かになり、もずく（好物なのです）を一本ずつ補助リング付きの箸でつまんで食べる。うん、歌はご飯が終わってからな。ほんで、もずくはもう少しまとめて食べようか。

ご飯は楽しく食べてほしい。でも、幼稚園に行く時間は迫る。そこで、つい「さあ、どっちが先にお皿ピカピカにできるかな？」と、兄弟を競わせてしまいます。他愛もない競争です。始めは子どもたちもちょっとふざけたりしながらご飯をかき込みます。でも、この競争の効果、あんまり長続きしないんです。

長男たすくに「ほら、弟のほうが先にお茶碗ピカピカやで」などと言うと「だって、たすくのほうがご飯多かったもん」とか「おかずはたすくのほうが先にピカピカにしたもん」と不正競争の申し立て。一方の次男さとるに「ほら、お兄ちゃんはもうすぐ食べ終わるで」

と言うと「もういらない。お腹いっぱい」とこちらは試合放棄。なんだか、急がせて楽しい食卓をつまらなくしたみたいで、しかもご飯を残されてしまうと、後味の悪さだけが残ります。

個性を無視して兄弟を比較する、というほど大げさなものではないとは思いますが、本当はそれぞれの箸の進み方を見たり、話の中身を受け止めたりしてやりたいのに、一方で、しつけとか、マナーとか、時間とか、いろんなことが気になります。

少なくとも、うちの子どもたちについては、競争させても大して効果はないのに、それでも時間がないときにはつい口に出してしまいます。時間は親の余裕を奪います。ホントに。

おまけに、ご飯のお皿がピカピカになったら、デザートにイチゴがあるぞ、と言うと、わかりやすく急いで食べ始める兄弟を見て、俺のつくったご飯はイチゴに完敗か、と複雑な気持ちになったり。まあ、子どものころに自分がイチゴとみそ汁のどっちが好きだったか考えれば、当たり前なんですけど、立場が変わると気持ちも変わります。

ほかにも「はーい、このおもちゃを全部片づけたら、おやつにラムネあげるからね」と朗らかに子どもたちに言ったあとに、あれ、俺、ごほうびで子どもを操《あやつ》ろうとしてないか？

と、ふと思うことも。ごほうびがすべて悪いとは言いませんが、これは逆に効果がありすぎるのが気がかり。ラムネほしさにいそいそと片づけをする姿を見て、これでいいのか？と思います。

いや、親が楽をするのはいいと思うのです。あれもこれも子どものことを第一に考えて、目を吊《つ》り上げ、歯を食いしばっている親の姿を見せるよりも、楽しそうな顔で接してやるほうがきっといい。手を抜けるところは抜いたほうがいいし、楽できるときは楽したほうがいい。本当にそう思います。

ただ、競わせたり、ごほうびで誘導したりするのは、ちょっとそれとは違う次元の要素もあるような気がするのです。大げさに言うと、**大人の価値観がばれちゃう**というか。競争、比較、報酬、そんなものが人間を成長させるすべてだと思っているわけではないんですけどね。悩ましいです。

おもちゃだってそうです。兄弟で仲良く遊んでほしいわけですが、どうしても、

「にぃにぃ、さとるもそれで遊びたい」

「いや。これはたすくの」

「うえーん！」

と、取り合いになります。誕生日に買ってもらったミニカーなどは、裏に「さとる」「たすく」と名前を書いたりしますが、それはそれで、「自分のモノだから他人に渡す必要はない」と教えてしまっているみたいで、こっちのほうがよくないかも、とまた親は悩みます。

そんなこんなで「貸して」「いや！」と兄弟の仁義なき戦いは続くのです。みんなのものは譲り合い、自分のものは気前よく差し出すという理想が実現されるその日まで。来るんかな、そんな日。

ちなみに同じマンションで三人きょうだいのヤマダさんのお父さんは、「三人になると子どもたちだけで解決することが増えて、楽になりますよ、逆に。わはは！」とめちゃくちゃ明るく、前向きな言葉を残して引っ越していきました。

信じていいんですね？　ヤマダさん！

4

円満に極意なんてあるのか問題

本を読む時間くらいはあると思ってた

三男のぞむが生後百日を迎えたわが家です。
百日といえば「お食《く》い初《ぞ》め」です。生後一カ月のお宮参りは、コロナ禍でもあり、やんちゃな長男次男を連れていくのは苦行やろ、ということもあって、お食い初めと合わせてやろうということに。ところがコロナ禍は収まる気配がなく、お食い初めも両家のじぃじ、ばぁばが集まれる状況ではありません。とりあえず、わが家だけで、こぢんまりとした料理屋さんにお願いしてお膳《ぜん》を設《しつら》えてもらってやることにしました。
というと、いかにも私がいろいろ差配したように聞こえますが、実は私、田舎者のくせにお宮参りもお食い初めも、長男が生まれて初めて知ったという体《てい》たらく。それどころか、さかのぼって妊娠中の安産祈願に関わる腹帯、戌《いぬ》の日など、すべてが結婚し、妻が妊娠して初めて知った、というか自分に関わることとして実感したことばかり。お食い初めの御膳には歯固めの石がありますが、長男のときは「なんなん、これ？」という感覚でした。

そんなわけで、三人目の今回も「あ、お宮参りの段取りをしなくては」とか「お食い初めはどこでやろうか」と自分から妻に相談できるような発想はなく、毎度「段取りを組むのはいつも私。儀式とか節目とか親族の集まることは大事だとか言いながら、全然、自分から言い出さないじゃない。どういうつもり？」と妻に叱られます。返す言葉がないとはこのことです。たいへん申し訳ない。でもね、どうでもいいと思っているわけではないのです。あ、お宮参りどないしょ、とふと脳裏をよぎったとしても、寝不足でひぃひぃ言っている妻に「なあ、お宮参りどうする……？　いや、いいから寝てて」となるでしょ？　と、いちおう言い訳。

さて、さかのぼることおおよそ四ヵ月。育休を取得することを決めて、いろいろと会社で手続きをしているころのことです。同じ職場で働く報道記者の後輩Hくんが少し前に一カ月の育休を取ったと聞いて、実にざっくりと「どうだった？」と尋《たず》ねました。するとHくんは、苦笑い、そう、まさに苦笑いを浮かべて、

「ううん、そうですね、まあ、もう育休はいいっすわ」

え、どういうこと？　育休を取ることにワクワクとソワソワを同時に抱えていた私は少々面食らいました。とっさに思い浮かんだのは、

一　仕事がおもしろい時期だったので、早く職場に復帰したかった？
二　奥さんとケンカした？
三　期間が短すぎて充実感を味わえなかった？

くらいでした。で、Hくんに「なんで？　どういうこと？」とストレートに聞きました。くりかえしますが、私としても育休を取ることを決めてワクワク、ソワソワしていたので、経験者の浮かない表情というのはめちゃくちゃ気になるのです。Hくんの答えは、私の想像したどれとも微妙に違うものでした。

「んー、一カ月もまとまって会社を休むのは初めてだったんで、もうちょっと自分の時間というか、たまっている読みたい本を読む時間くらいはあるのかなと思ってたんですけど、

全然なくて。それに、ずっと家にいるからか、妻とも妙にギクシャクしちゃって」

な、なるほどー！　これを聞いた瞬間、なんというか、覚悟が決まるような感覚と、どうすれば充実した育休だったと思えるんだろう、という思考回路がグルグルと回り始めました。これほど示唆《しさ》に富む言葉はなかなかないぞ。ありがとう、Hくん！

確かにサラリーマンが一カ月ものあいだ、会社を休むことは（とくに男性の場合）ほとんどありません。Hくんにしてみれば、それだけまとまって会社にも行かなくていい、取材にも行かなくていい、原稿も書かなくていい、深夜に及ぶ編集もしなくていいなんて、マジ？　ほんとに？　となると思います。そうなると自分の時間が取れて、ずっと読みたいと思っていた本とかも読めるんじゃないかと、私でも考えると思います。読書の時間なんて、実にささやかで健全な望みではないですか。

でも、じっさいに自分が育休を取ってみて、Hくんの言っていたことがどういう意味か理解できたように思います。読書の時間がほしいという願いは、決してささやかではないのだろうと。

いや、マジ家事終わらんな

育休に入って四日目に、私はツイッターにこう投稿しました。

「いや、マジ家事終わらんな。」

妻が出産直後でまだ入院していた時期ではありますが、本当に、心から、こう思ったのです。

朝起きたら食事の用意。起きてきて遊んでいる子どもたちに食べさせ、着替えさせて、自分も着替えて幼稚園に送っていく。家に戻ってキッチンの洗い物、洗濯、自分の昼食を用意して食べて、ふぅ、と一息ついたらもう降園時間。子どもたちを迎えに行きます。子どもは道草《みちくさ》を食う天才です。大人の足なら五分の距離を二十分くらいかけて歩きます。疲れたら、あるいは機嫌を損ねたら容赦なく抱っこを要求します。途中のスーパーでお買い物。晩ご飯のビジョンが固まっていないと、店内をぐるぐる彷徨《さまよ》うことになり、明後日の

を着替えさせ、おもちゃら、え？　もう晩ご飯の！」「ウンチ！」の声でちの椅子の下に落ちたご飯粒その他もろもろを拾い集めます。なんでこんなに落ちるのでしょう。お風呂に入るぞと声をかけると、もっと遊びたいと言って嫌がり、いったんお風呂に入ると、そろそろ出ようと声をかけても、もっとお風呂で遊びたいとこれまた嫌がる。身体を拭き、皮膚の弱い次男の保湿を済ませたらゴールは近いぞ、と思いきや、パジャマをどちらが先に着せてもらうかでケンカ、どちらが先に歯ブラシに歯磨き粉をつけてもらうかでケンカ。寝る前に読む絵本を選んでも、どちらが先に読んでもらうかで、またケンカ。なんとか読み終えて、ようやく寝室へ。寝かしつけているはずが、いつの間にか自分が先に寝落ちしていることも珍しくなく、数十分後、ときに小一時間後に目覚めて、晩ご飯の食器洗いを済ませ、洗濯物をたたみ、翌日の朝ご飯の仕込みを終えて時計を見たら、そうです今日という一日は終わりでーす。いや、マジ家事終わらんな、なのです。

忙しいというだけなら、職場の仕事だって相当に忙しいものです。私でいえば、ニュースを読んでいるあいだはそれはもう秒刻みの仕事ですし、急に原稿を差し替えられて内心は心臓バクバクでも涼しい顔をして読まなくてはなりません。インタビューをしているあいだは、どんな言葉をどうやって引き出せるか、脳みそはフル回転です。でも、そこには「緩急」というものがあります。ニュースを読む前には、情報を整理してじっくり咀嚼《そしゃく》する時間がありますし、心臓バクバクの時間はほどなく終わります。お昼ご飯はひと仕事終えたらゆっくり食べられます。

でも、家事育児というのは、考えるすき間がないというか、こちらの事情を無視してどんどんやるべきことが押し寄せてくるのだと、育休を取ってみて、心底、痛感しています。何度でも言わせていただきます。いや、マジ家事終わらんな、です。

ましてや新生児を家庭に迎えるのです。好きなときにおっぱいを飲み、好きなときにウンチをし、好きなときに寝て、好きなときに目覚め、その都度、大きな声で泣きます。そして、新生児に関するほとんどのことは、お母さんにしかできなかったり、お母さんのほうがうまく対応できたりします。おっぱいも、沐浴《もくよく》も、寝かしつけも。

ふぅ。Hくん、読書の時間がないと嘆くのは少々贅沢かもしれんで。お母さんに読書の時間がどれだけあるか、我々男は考えなあかんのかもね。

と、偉そうなことを書いていますが、Hくんのちょっとしたひと言にヒントをもらって多少なりとも心構えができたおかげで、自分の時間がないことに（あんまり）フラストレーションをためずに過ごすことができています。あらためて、ありがとうHくん。

でも、育休中に本は読めないけど、本には書いてないことを経験できたり、本に書いてあることがより深く理解できるようになれるような気がしているよ。ごめんね、後知恵で偉そうなことを言って。でも、本当にそう思うんです。

あと、おまけにもうひとつだけ。育休のことを「育児休暇」だと思っている人が意外に多いです。ちゃいます。正しくは**「育児休業」**です。会社に行かないだけで、だらだら休めるわけではないのです。これを「休暇」だと思って臨《のぞ》むと、えらい目にあうわけです。ね、Hくん。

オムツ問題、出口はどこだ!?

夏休み明けの最大の懸案でもあった次男さとるのオムツ問題が妙な展開を見せています。普段はパンツで過ごしているさとるです。夜寝るときもパンツ。朝起きたら「オシッコー！」と元気すぎるくらいの声で尿意を教えてくれます。一緒にトイレに行って、便座にきかんしゃトーマスのイラストが描かれた補助便座を乗せます。さとるはよいしょとそこに座り、堂々とオシッコをします。ちゃんと手も洗います。

夜のおねしょ被害の軽減のため、夜だけオムツをはいて寝かせるご家庭も少なくないと聞きますから、うちのさとるはこれだけを見れば立派にオムツ卒業です。

ところが以前にも書いたように、自宅以外のトイレは全力で拒否なのです。これだと家から半径一〇〇メートルを出られないので、少し前に、自宅で使っているのと同じトーマス補助便座をもうひとつ買って（わりとお求めやすい価格なので助かりました）お出かけのときに持ち歩いているのですが、成功確率は五分五分。しかもトーマスに座らなくても用を足せるときもあるので、親としてはブンブン振り回されている気分です。

うまくオシッコ（あるいはウンチ！）できたところは彼のなかでも「成功した場所」に登録されるようで、少し離れていても「あのスーパーのトイレに行く！」と言い張ります。動物のなわばりのようで、ちょっと笑ってしまいますが。

それだけこだわっているのだから、と親も気を遣っていたのに、二学期が始まると「幼稚園にはオムツで行く！」とあっさり宣言。しかも最初のうちは意地で（たぶん）オシッコをがまんして、迎えに行くなり「おうちにかえってオシッコする！」と涙声になっていたのに、最近は幼稚園で堂々とオムツのなかにオシッコをしているようで、帰宅して着替えるときに見ると幼稚園に預けてあるストックのオムツにはき替えています。しかも先日、幼稚園の先生が「さとるくん、今日はオムツにウンチもしちゃって」と教えてくれました。本人はけろりとした顔。オムツからパンツに。パンツからオムツに。やせ我慢からオシッコでパンツパンのオムツへ。そして、ウンチ。うん、そうか、オムツでウンチか。

そんなこんなで、オムツ卒業はかくも難しいのかと実感する今日このごろです。きっと三男のぞむのときも、また違う展開を見せるんでしょう。

さて、長いと思っていた私の育休期間も、残りわずかになってきました。家事育児の力になっていればもちろん私としてはうれしいんですが、裏を返せば、育休が終わることがけっこう不安でもあります。

幼稚園に子どもを迎えに行くにしても、公園に遊びに行くにしても、お風呂に入れるにしても、私が家にいることを前提にして組んでいるルーティンがたくさんあります。私が長男次男と公園で遊んでいるあいだに、妻がどうにか三男をあやしながら晩ご飯をつくるとか、私が長男次男をお風呂に入れて、そのあと妻が三男をお風呂に入れるとか。

育休が終わったあとも在宅勤務、リモートワークで私が家にいられればいいんですが、カメラの前に立ち、マイクの前に座るのがアナウンサーの基本的な仕事です。あと十年もすればそれも変化しているのかもしれませんが、今のところはやっぱり会社に行かなくてはなりません。となると、その間、家のことは妻がひとりでやらなければなりません。そして、それが今後の日常になります。

最近は子どもが寝てからのつかの間の穏やかな時間に、

「なあ、育休終わるけど、大丈夫?」

「わかんない。不安」

という会話がしばしば。ご近所とは上手にネットワークをつくっている妻ですから、助けたり助けられたりしてどうにかするとは思いますが。

前に職場の後輩Hくんが、私より一足先に取った育休について「読書の時間もなかった。ずっと一緒にいるせいか、妻ともギクシャクして」と話していたことを書きました。その「妻とのギクシャク」が、私の心に、イワシの小骨のように引っ掛かりました。

そうなんですよね。どんなに気の合う相手でも、ずっと一緒だと、そりゃイラっとしたり、ぶつかったりすることもあるでしょう。だって、大の大人が二人ですよ。数年さかのぼれば他人ですよ。

うちはお気楽仲良し夫婦だと思っていますが、それでもときには見解の相違が、いや、そんなオーバーなものではなく、ちょっとしたモノの言い方とか、こないだ言うてたんとちゃうやんとか、そんな程度のことでイライラを募《つの》らせてしまうことがあります。そういうときは、「ちょっとしたモノの言い方」がちょっとしたことに思えず、「だいたいああいう言い方ができるというのは根本的にちょっと問題があるんじゃないか」などとイライラがイライラを呼ぶ負のスパイラル。結果として、ちょっと大きな声でのやりとりに発展することがこれまでもありました。

育休に入るときに、Hくんが「妻とギクシャク」と言ったときにも「そんなアホな」とは思わず「だよね。それをどうやって回避するかは、ウルトラ重要だよね」と、わが身に置きかえて考え込みました。だって、何度でも言いますけど、大の大人がひとつ屋根の下でずっと一緒にいるんですもの。

育休をときどき休む

で、育休三カ月、ギクシャクしない極意に達したのか。結論から言うと、

「そんなわけないやろ」

です。相変わらず、ちょいちょいぶつかります。理由も相変わらず「あ、ちょっと、その言い方なんなん?」が八割。

でも、でもですよ。ちょっと減ってはいると思うのです。育休の始めのころと比べると、最近は夫婦がお互いにイライラする場面は減っているのではないかというのが個人的な実

恐れ入ります
切手を
お貼り下さい

〒 郵便はがき

〒602-0861

京都市上京区新烏丸頭町
164-3
株式会社ミシマ社京都オフィス
編集部行

フリガナ

お名前　　　　　　　　　　歳

〒

ご住所

（　　　　）

ご職業

メルマガ登録ご希望の方は是非お書き下さい。

E-mail

★ご記入いただいた個人情報は、今後の出版企画の参考として以外は利用致しません。

ご購入、誠にありがとうございます。
ご感想、ご意見をお聞かせ下さい。

① この本の書名

② この本をお求めになった書店

③ この本をお知りになったきっかけ

④ ご感想をどうぞ

＊お客様のお声は、新聞、雑誌広告、HPで匿名にて掲載させていただくことがございます。ご了承ください。

⑤ ミシマ社への一言

ミシマ社のロングセラー

我が子と過ごす日々

『46歳で父になった社会学者』

工藤保則（著）

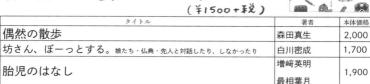

人より少し遅く「父になった」工藤先生。妻の妊娠から、子どもが小学生になるまでの7年間を、細微な出来事まで残した「育児する日常生活」の記録。共働き、はじめて、そしてコロナ下…不安やとまどい、うまくいかないことも多いけれど、それ以上に感じる生命の豊かさや、誰かと共にあることの喜び。理想や正解にしばられない、育児のはなし。（¥1800+税）

本書のウェブ連載（同名タイトル・第34回）にて、工藤先生が西靖さんと対談イベントを行ったときのことを書いています！
（ミシマ社のウェブマガジン「みんなのミシマガジン」2022.6.19記事）

『日帰り旅行は電車に乗って 関西編』

細川貂々（著）

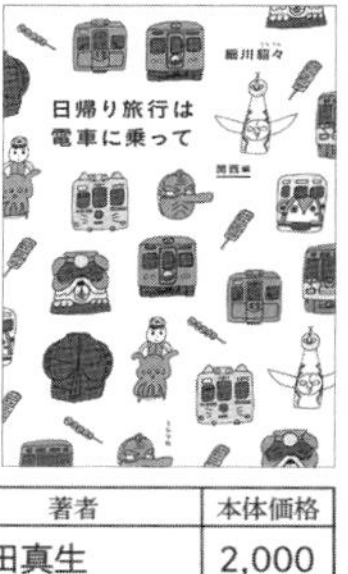

電車好きの息子と関西のローカル線に乗っておでかけした日々を描いたコミックエッセイ。準備もいらない、目的地も気にしない、パッと電車に飛び乗れば、ほんのちょっとの運賃で立派な日帰り旅行に！

（¥1500+税）

タイトル	著者	本体価格
偶然の散歩	森田真生	2,000
坊さん、ぼーっとする。 娘たち・仏典・先人と対話したり、しなかったり	白川密成	1,700
胎児のはなし	増﨑英明 最相葉月	1,900
きんじよ 【手売りブックス】	いしいしんじ	1,500

ミシマ社通信

Vol. 120

2023年2月号

こんにちは。寒い日がつづきますね。先日ふと思いたって、オフィスのストーブの上で焼きいもを作ってみました。ぬれた新聞紙→アルミホイルの順でおいもを包んで、20分程置いておくだけ。ホクホクですごくおいしいのでおススメです✿

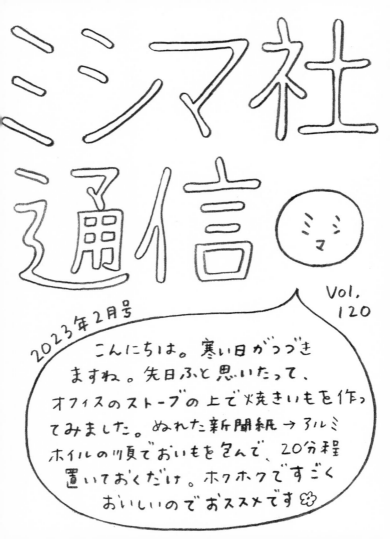

感です。私の原稿をいつも読んでいる妻（これ、けっこうプレッシャーです）にも聞いてみましょう。

「うん、減りました。たぶん。三男のぞむが少しまとまって夜眠るようになって寝不足がマシになったことがいちばんだけど、夫婦が別行動をすることでリビングにずっと一緒にいる時間が少なくなったこともあるかもしれません。あ、一緒にいたくないわけではないですよ（笑）」

だそうです。やっぱりいちばんの要因は寝不足か。でも、一緒にいる時間が少なくなったから、という妻の分析は、確かにそうだよな、と思います。あ、一緒にいたくないわけではないですよ（笑）。

子どもが三人、しかもひとりは乳児となると、さきほども書いたように、おっぱいを飲ませているあいだに長男と次男のお風呂とか、ご飯の用意をしているあいだは子どもたちを公園に連れ出すとか、そんなふうに家事育児を分担する必要が出てきます。必要に迫られて分担している結果として、夫婦が別々の時間をもつことができます。

料理が好きな妻は三男が穏やかにはむはむと自分の手をしゃぶっているあいだとか（最近多いのです）、お昼寝をしてくれているあいだに少しゆっくりキッチンに立つのはうれしい時間だと言いますし、私も五歳ともうすぐ三歳と一緒に公園にセミ捕りに行くのは、体力勝負ではありますが楽しい時間です。「こんな時間を過ごせるのもあとどれくらいかな。そのうち親と一緒に出かけるのはイヤ、とか言うんだろうな」なんてときどきセンチメンタルになっていたりもします。まあ、五十歳で幼子の親というのは余計にそんな気分になるのかもしれません。

また、私は育休中も週に一回程度、子どもたちが幼稚園に行っている時間帯に、スポーツジムに泳ぎに行ったりもしています。ジムの顔見知りからは「育休中なのに泳いでていいんですか？」と冗談交じりで聞かれます。冗談交じりとはいえ、そんなふうに声をかける側の気持ちもよくわかります。仕事を休んでいるのにのんきに泳いでていいの？という意味と、育休なんだから育児をバリバリやらなきゃいけないんじゃないの？という意味で。私自身も育休に入って初めてジムで泳いだときは、なんだかサボっているような気分になりましたから。

でも、こんなふうにちょいちょい「育休を休む」ことは、けっこう大事なんだろうと、最近思います。思い起こせば、育休の始めにお弁当づくりに全力投球して完全燃焼、真っ白な灰になったアレは、どう考えても四ヵ月も続けられるものではありません。

「育休を休む」。うん。我ながらいいフレーズです。

もちろん、裏を返せば、お母ちゃんにも「育児を休む」時間が必要ってことだと思います。じっさいには、妻のほうは、おっぱいをあげたり、寝かしつけをしたりと、なかなかひとり時間を過ごせていません。育休期間中に、ちょっとでも妻が友だちと過ごしたり、映画館に行ったり、買い物に出かけたりと、育児をサボる時間をもってもらえたら、私の育休のミッションがひとつ達成できたということになるのかもしれません。

いや、むしろそれを私が育休を取る、最終的な目標といってもいいくらいです。そうはいっても、父親からはおっぱいが出ないとか、私が寝かしつけるとべらぼうに時間がかかるとか、いろいろハードルはありますが。

まあ、そんなわけで、夫婦がギクシャクしないためには**「一緒にいる時間を減らす」**と**「ときどきうまくサボる」**という、年配のご夫婦からすれば「え、今気づいたの？」と思うような結論に達しつつあります。夫婦は二人三脚ですが、脚を結びつける紐《ひも》がきつすぎると、どうもうまく走れないみたいです。

で、これって育休中にかぎらないような気もするんですよね。あ、何度も言いますが、一緒にいたくないという意味ではなくて（笑）。

三兄弟、それぞれの夏

生後百日を迎えた翌週のある日、三男のぞむが九時間半連続して寝ました。
夜の八時半におっぱいを飲み終えて眠り、起きたのが朝の六時。これはわが家にとっては事件です。奇跡です。うみゃあ、という声を聞いて、ああ、深夜の授乳かと目を覚ましたら外が明るくて、一瞬、なにが起こっているのかわからなかったと妻は話していました。
乳児は数時間おきに授乳が必要で、それがお母ちゃんにとっては最初の試練、ということは何度も書きました。そのうちに夜はだんだんと長く眠るようになってきますが、その程度は赤ちゃんによってまちまちのようです。長男も夜にまとまって寝るようになるのが遅くてけっこう苦労しましたし、次男にいたっては、あまりに寝ないので病院に相談したくらい。三カ月の子が九時間半も連続して寝るなんて、わが家ではいまだかつてない椿事《ちんじ》なのです。
赤ちゃんが夜に連続して眠ってくれることのなにがありがたいって、妻の機嫌がよいということに尽きます。妻が「いや、朝まで寝ちゃったわ。ホントびっくり」とうれしそうにしていると、こちらもうれしくなります。くどいくらいに言いますが、**妻のご機嫌は家庭の平和**、なのです。のぞむ、ありがとう。

一方で、のぞむは起きているときは、母親や父親をしっかり目で追うようになってきました。もちろん目が見えるようになってくることはうれしいのですが、母親がちょっと見えなくなると、すぐにふぎゅあ！　と泣き出します。もうそんなふうに周囲が見えているなんて、すごいぞ、のぞむ。できたら「あ、ママ、トイレに行くのね」と穏やかに見送ってくれたらもっとすごいんだけど。

次男さとるは、相変わらずオムツ卒業が最大のテーマ。オムツで幼稚園に行き、（たぶん）堂々とオムツのなかで小用を足し、先生にはき替えさせてもらって帰ってきて、パンツに着替えて、自宅では「オシッコ！」「ウンチ！」とちゃんと宣言してトイレに駆け込みます。失敗はまずありません。

これだけちゃんとトイレに行けるんだから幼稚園でも大丈夫だよ、と話すのですが、頑《かたく》なに幼稚園にパンツで行くこと、幼稚園のトイレに行くことを拒否します。幼稚園のトイレでなにか嫌なことがあったのかもしれませんが、二歳児にその説明を求めるのも酷《こく》な気がして、ちゃんとは聞けていません。まあ、公衆トイレや出先のお店のトイレなどで用を足せる確率は上がっているので、辛抱強くお付き合いするしかありません。

トイレが関わるとき以外はいつも走り回っていて、エネルギーの塊のようなさとるですが、案外、軽妙な会話センスを見せることがあります。

先日も、日が傾くまで公園で遊び、石を投げたり砂をまき散らしたりして何度も妻に怒られてそのたびに号泣していたのですが、そのくせ、帰ってきたらけろりとして、おもちゃを並べてお店屋さんごっこを始めました。五歳と二歳を連れ、〇歳を抱っこして公園で走り疲れ、怒り疲れた妻は半ば白目をむいた状態。

次男「いらっしゃいませ。なにがほしいですか？」

妻　「……安らぎ」

次男「売り切れです」

妻は崩れ落ちながら爆笑していました。

そして長男たすく。鉄道一筋の鉄ちゃんが、この夏は虫に浮気です。以前にも書いたように、夏休みの前に幼稚園の友だちからカブトムシをもらったことをきっかけに虫に興味をもち、夏休みはひたすら公園でセミ捕り。八月の五歳の誕生日には子ども向けの昆虫図鑑。

近くの森林公園に行ってカブトムシを探し、空振りに終わっても、チョウを追いかけたり、バッタを捕まえたり。飛んでいる赤トンボを虫網で捕まえたときは（というか網をブンブン振り回していたら、たまたまトンボのほうから網に入ってきたんですが）、こんな顔をするのかと親がびっくりするくらいの笑顔を見せました。

「ねぇ、たすくがひとりで捕ったんだよ！」

「たすくが捕ったトンボはなんていう名前？」

「たすくが捕ったトンボは元気？」

自分が、親の助けを借りずに飛んでいるトンボを捕まえたことがめちゃくちゃうれしかったのでしょう。「たすくが捕ったトンボ」を連呼します。セミをわしづかみにできるくせに、トンボを手でつかむときにはビビりまくってましたが、ほどなく、優しくバイバイしていました。

うちから車で三十分ほどの、伊丹市《いたみ》にある昆虫館にも行きました。そりゃあもう大騒ぎでした。生きて動いている外国のでっかいカブトムシ（そうです、ヘラクレスオオカブトです）にくぎ付け。クワガタの標本の前から動かない。チョウの飛ぶ温室にはいつまでいるの？というくらいの長逗留《ながとうりゅう》でした。

一方で、意外な面も見せてくれました。虫好きのきっかけになった同級生にもらったカブトムシです。エサをやったり、土のなかにもぐり込んでいるのを掘り出してつかんだりしてかわいがって（？）いましたが、秋の声を聞くころには、天寿を全うして死んでしまいました。発見日時は九月五日の早朝。見つけたのは長男たすく本人で、

「ねぇ！　カブトムシが死んでる！」

「え、ホンマに？」

「うん、動かへん」

「あ、ホンマや。残念やねぇ」

親としては、というか大人としては、このあと子どもがしょんぼりして、なんならちょっと涙を浮かべて、「うぅ、なんで死んじゃったの？」というトーンになって、という展開を想像していました。そうしたら「カブトムシは夏のあいだしか生きられないんだよ。一

緒にいてくれてありがとうってお墓をつくってあげようか。死んだら土に帰してあげるんだよ」と慰《なぐさ》めてやろう、というところまで考えていました。もう五歳だし、弟と比べると穏やかで優しい兄だし。

ところが長男たすく、死んだカブトムシの角を持って「動かなーい！」とブンブン振り回し、

「ゴミ箱に捨てる？」

親、絶句。え、ゴミ箱？　そうなん？

慌てて用意した台詞を口にします。ゴ、ゴミ箱なんてだめだよ。死んだ虫は土に帰してあげるんだ。お墓をつくってあげよう。

なんでも、近しいものの死を悲しい出来事として実感できるのはもう少し大きくなってからなのだそうです。それだけでも勉強になりましたし、親の感覚をそのまま子どもに当てはめてはいけないんだな、といただいたカブトムシの死に教えてもらいました。

ちなみに秋になってカマキリを捕獲したあとは、バッタを捕まえて同じ虫かごに入れ、

カマキリがバッタを捕まえて食べるのをずっと待っていました。結局、たすくは待ちくたびれて寝てしまい、そのシーンは親が見ることになったのですが、そのときに、ちょっとワクワクしている自分に気づいてハッとしました。バッタをカマキリのかごに入れるなどちょっと残酷とも感じる行為を子どものうちに体験すると、ちゃんとした死生観を確立できる、とどこかで聞いたような気がしますが、果たしてどうなんでしょう。

長男たすくには、ほかにも気になる小さな変化が見られます。

まず、小さな嘘をつく時期がありました。公園で近所の友だちと遊んでいるときに、「あ！　毛虫！」とたすくが叫びました。みんなが集まってきて、どこどこ？　と尋ねると「さっきまでここにいたけど、こっちのほうに逃げていった」とモニョモニョと説明しています。毛虫がそんなに高速で移動できるとは考えにくいので、たぶん、オオカミ少年のような嘘をついたのだと思います。同じような、さっきまでいたけど、もういなくなった、というパターンの（たぶん）虚言を何度か聞きました。頭から嘘と決めつけるのもよくないし、かといって放置するわけにもいかない。幼稚園でも同じようなことをしていたらどうしようと、親としてはけっこう対応に悩みましたが、ほんの一、二週間でそんな発言はなくなりました。分析するほどの知識はないんですけど、やっぱり三男がやってきて、寂しかったのかもしれません。注目されたかったのかもしれません。

あと、これまで「たすくもおやつ食べたーい！」などと、自分のことを「たすく」と言っていたのが、ときどき「ぼく」と言うようになりました。自分でも「ぼく」が板につかずちょっと照れくさいのか、台詞を読むように「ぼくはですねぇ」なんて言っています。

いつまでも自分のことを名前で呼ぶのも子どもっぽい（って子どもですが）とは思いますが、急に大人びたようで、親のほうは虚を突かれたような気分になります。え、もうそんなに成長しちゃうの？　みたいなある種の寂しさが混じります。まあ、おふざけで言っているだけで、また「たすくはね……」に戻るのかもしれませんが。

おおよそ四ヵ月という育休期間が十分な長さなのか、まったく足りないのかは家庭にもよるでしょうし、育休のあいだの過ごし方にもよるでしょう。

ただ、これだけの期間があると、新生児はもちろん、長男や次男の細かい変化に気づき、少し腰をすえてじっくり向き合うことができます。じっくり悩むことができます。それは**とてもとても素敵な経験**です。

長男の微細な「かまってほしいオーラ」も、次男が毎朝、幼稚園に行く前にそれまではいていたパンツを脱いでオムツにはき替えるときのなんとも言えない複雑な表情も、全部、愛おしい。とても愛おしいです。

そしてそれは、数ヵ月単位の休みを取ることができたからじゃないかと思います。あ、たぶん、妻とのやりとりも、多少は成熟した夫婦のそれに近づいたんじゃないかと。妻に聞いてみないとわかりませんが、たぶん。

さあ、いよいよ育休期間が終わります。家庭は？　仕事は？　いろいろ大丈夫なのか⁉

と、その前にもうひとつ事件です。

なぜ!? 哺乳瓶が使えない……

いや、みなさん、困ったことになりました。

哺乳瓶、完全拒否。

もちろん三男のぞむのことです。哺乳瓶のシリコン乳首を口に入れようとすると顔を真っ赤にして「なんじゃワレ！　バッタもんつかます気ぃか！」と凄《すご》んできます。いや、中身は冷凍した母乳を解凍したものでニセものなんかじゃございませんよ、とへりくだってみせるのですが、「やかましわ！　ワシゃ、モノホン以外は飲まへんのじゃ！」と血管が切れそうな形相《ぎょうそう》。どうにもこうにも話が通じません（当たり前。あと、台詞は想像）。

わが家が長男次男体制のときは、妻と私で手分けしてどうにかこうにか二人の面倒をみてきました。私自身も妹と二人きょうだいなので、子ども二人までは曲がりなりにも「知ってる世界」ですが、三人となるとこれはもう未知の領域です。なにがどうなるかわかりません。

幼稚園の面談があるから、哺乳瓶でミルク飲ませてて、とか、妻、風邪でダウン、というような事態はしょっちゅう起こるだろうと想定して、のぞむが新生児のころから、実は意識的に哺乳瓶を使ってきました。

母乳を搾ったものを専用のパックに小分けして冷凍保存し（こんな製品があるなんて、独身のときには想像もしませんでした）、湯せん、解凍して飲ませるのが基本。そのほかに、夜にしっかり寝てもらおうというねらいで、母乳よりも腹持ちがいいと一般的にいわれる粉ミルクを夜の最後の授乳で飲ませるといったこともしていました。

しかし、我々にも油断があったのです。八月に入ったころでしょうか、授乳のリズムがけっこうよくなり、粉ミルクを飲ませなくてもスヤスヤと寝てくれたので「粉ミルクを溶かすのも、それを人肌に冷ますのもそれなりにたいへんだし、しばらくは飲ませなくていいよね？」ということでちょっと哺乳瓶をお休みしたのです。

そして、ほんの三週間後、あんなにごくごくとおいしそうに解凍母乳やミルクを飲んでいた哺乳瓶を、のぞむは「はぁ？　なにこれ？」という感じで拒絶したのです。取り付く島がないとはまさにこのこと。どうしましょうか、ねぇ。

さて、九月いっぱいで私の育児休業は終わります。六月八日の三男出産から始まった日々を思い返すと、驚くほどのスピードで時間が流れました。ほんと、あっという間。

のぞむはこの三カ月で六キロを超え、生まれたときの倍の重さになりました。長男にも次男にも大きな変化、小さな変化がありました。そんな子どもたちの成長を、間近で伴走しながら実感できたのは、振り返るとやっぱりうれしいものです。

私自身が成長したかどうかはわかりません。でも、経験はたくさんしました。今はその経験はこま切れの風景でしかありませんが、いずれその風景を愛おしく感じるだろうという予感があります。

会話のへたくそなアナウンサー

印象的な場面があります。幼稚園のお迎えです。

うちの子らが通う幼稚園では、保護者は指定された場所で、子どもたちが教室から出てくるのを待ちます。その間、お母さんたちは、駅前のスーパーは今日はブロッコリーが安いとか、うちはオムツの卒業、なんとかイケそうとか、櫻井翔くん結婚だってね、とか、極めて多岐にわたる井戸端会議を展開しているわけですが、この会話の輪に入っていくのが育休男子にとってはなかなか難易度の高いことでした。ブロッコリーの値段くらいはわからないこともありませんが、いきなりその会話に割って入って「ですよね〜、今日はブロッコリー、安いですよね！」というのも図々しい気がします。在宅勤務なのでしょうか、たまに私以外にも男性がお迎えに来ているのを目にしますが、やっぱり手持ち無沙汰《ぶさた》に携帯に目をやっていたりします。

居心地悪そうな私に気を遣ってか、同級生のお母さんが話しかけてくれることもありましたが、

「こんにちは。育休を取られたって聞いたんですけど、すごいですね〜」

「いや、すごいなんてことないです。さすがに三人目が生まれたらたいへんだろうと思って」

「え〜、でもほんとすごいです」

「ありがとうございます」
「……今日も暑いですね」
「……そうですね」

会話、へたくそ（笑）。

探り探りの会話はさながら転校生のようです。私、けっこう人見知りなんです。アナウンサーなのに。

でも、さすがに四カ月経てば多少は会話もつながるようになってきます。

「こないだ図書室で借りた絵本、おもしろかったですよ」
「明日、お迎えの時間が三十分早いんですよね？」
「ブロッコリー、昨日は二五八円だったのが、今朝見たら一七八円でしたよ」

こういう会話ができると、なにか一人前の子育てメンバーに入れてもらったみたいで誇らしい気分ですらあります。でも、自分がなじむのに一生懸命だった時期が過ぎて、少し落ち着いて周りを見ると、自ら会話の輪から距離をとっているようなお母さんもいますし、緩やかながら会話のグループがあるのもわかってきます。保護者のLINEのグループをめぐって過去に小さなトラブルがあったらしい話も聞きました。社会の縮図と言ってしまうと少々オーバーですが、なじめばそれでよし、でもないようです。

満三歳児クラスの次男は、時間がくると満面の笑みでタッタッタッと走ってきて私の脚にしがみついてきます。育休中、一、二を争う幸せな瞬間です。たどたどしく、でもうれしそうに、今日ね、あのね、お歌を歌ったの、聞きたい？　と話してくれます。

年中組で五歳の長男は、もう駆け寄ってきたりはしません。こちらが先に見つけて手を振ってもあまりそれを喜ぶ様子は見せず、保護者エリアにいる私に向かって大きな声で「ミヤマクワガタとー！　ノコギリクワガタはー！　どっちが強いと思うー？」と、とりあえず急ぎではない案件を叫んでいます。それはそれで、ああ、兄ちゃんになったなぁと、じんわり幸せをかみしめています。

おどおどしていた私がなじんだと思ったらもう育休は終わり。今後も朝の登園は一緒に行けそうですが、午後のお迎えには基本的に行くことができなくなります。そういえば最近、長男はあまり手をつなごうとしません。いや、成長はうれしいんです。でも、ちょっと寂しい。

そうそう、担任の先生から「さとるくん、トイレでオシッコできましたよ！」と教えてもらったのも、このお迎えの場でした。

次男は九月二十九日に三歳の誕生日を迎えたのですが、かねてから「さとる、三歳になったら、パンツで幼稚園に行く」と宣言していたのです。これまで何度となくパンツとオムツの無限ループに振り回されてきた父ちゃん母ちゃんは半信半疑だったのですが、彼は言ったことはやる男でした。誕生日の朝、「三歳だから」とパンツで幼稚園に。私も妻も、ズボンを濡らしてくることを半ば覚悟していたのですが、担任、副担任の先生方がそろってものすごくうれしそうにトイレ報告をしてくれ、本人はうつむき加減に、でも誇らしそうな顔をしていたのでした。そんなうれしい瞬間に立ち会えたのも、お迎えの場でした。

編み物だってなにかのサイン

十月からは、その幼稚園のお迎えも含めて、昼間のことは妻がひとりでこなすことが多くなりますから、育休のあいだも、妻がひとりでやれる段取りをどう組むか、職場復帰したあとでも私ができる育児、家事はなにか、夫婦でしっかり話し合わなければいけません。待ったなしです。わかっているんです。

でも、子どもを寝かしつけるまでは、すき間なく育児と家事に追われるし、子どもたちが眠ったあとの穏やかな時間には、私はなぜか急にクローゼットの整理がしたくなったりするし、妻はちょっと凝った料理がしたくなったりするらしいのです。挙句《あげく》の果てに、たまりまくった子どもの写真を整理しようとパソコンの画面に向かっているうちに、なぜだか二人で涙ぐんでいたりします。

育休後に始まるワンオペ三人育児の過酷さから目を背けていたのかもしれません。いや、そうだと思います。でも、クローゼット整理や料理から得られるささやかな充足感が必要なときがあります。「今すぐやらなくてもいいことを、今すぐやりたい」と思うことは、きっとなにかのサインで、その楽しさが切実に必要なんだと思うんです。

だから、妻が急に家事をなげうって編み物を始めたりアサガオのタネを植え始めたりしたら、なにかのバランス（ストレスという言葉はあえて使いたくないのです）を取ろうとしてるんだと受け止めたいと思っています。

育児休業の日々が、やってみて、ぶつかって、考えて、考えたらなにかしらの答えが出たり、ちょっとマシになったり、アカン、無理やなぁ、難しいなぁ、となったりの連続だったように、育休が終わったあとの日々も、やっぱり試行錯誤の連続になるでしょう。

もちろん準備もしますし、話し合いもしますが、**「思ってたんと違うけど、これはこれでおもしろいな」**くらいに収まれば万々歳じゃないかなと、育休が終わる今は思っています。

5

育休後、やっぱり、がけっぷち（笑）

トイレブラザーズ、おしりを洗い始める

私の育休期間が終わり、勤務に復帰してから一ヵ月が経ちました。

わが家にも、サラリーマンとしての私にも、まあいろいろ変化はありましたが、なにから書こうかとパソコンの前に座って最初に頭に浮かんだのは、なぜか、長男と次男がトイレの温水洗浄便座でおしりを洗うようになったという、どうでもいいことでした。

ひらがなやカタカナが読めるようになった長男たすくは、便座の横についているボタンを指さして「お！　し！　り！」と大声で読み上げてはゲラゲラ笑っていました。そのくせ、おしりを洗うボタン使ってみる？　と水を向けると「怖いからイヤ」と試そうとしません。先におしりを温水で洗ったのは、なんと次男さとるでした。

そうなのです。自分でどうでもいいと書いておきながらアレなんですが、思い起こせばどうでもよくはないかもしれません。なにせ、次男はこの夏までまだオムツをはいていたのです。パンツになっても、わが家のトイレできかんしゃトーマスの補助便座を乗っけな

いと用を足せなかったのに、十月になると「トーマスなしで座る！」と言い出します。三歳としては小柄なさとるが大人と同じ洋式便座に座ると、そのままスポッとおしりから落ちてしまいそうでヒヤヒヤしますが、本人は脚をぐっと広げ、両腕を突っ張って身体を支えています。ちょっとうれしそうで誇らしげでもあります。子どもが新しいことができるようになったときの、この小鼻の広がった顔が、私は大好きです。

その次男が、ウンチのあとに「このボタン押したーい！」と言い出しました。小さな身体のピンポイントにちゃんと温水がヒットするか若干心配でしたが、せっかく本人がその気なので、じゃあ押してごらん、と促すと、うひゃうひゃうひゃあ！　と、実に「初めて温水洗浄便座を使った人」らしい反応を見せました。

くすぐったくておもしろいねぇ！　とその後は調子に乗ってオシッコのときまでおしりを洗いたがるようになってちょっと困っていますが、ついこのあいだまでオムツを着用していた子がおしりを洗っている姿というのは、えも言えぬ感慨があります。

一度だけ、次男が急に立ち上がろうとして温水シャワーが的を外し、私が手のひらで受け止める事件が起こりましたが、次男がトライしたのを見て、その後ほどなくして長男もおしりを洗い始めました。ともにおしりを温水で洗い始めたトイレブラザーズ。

新しいものにはわりと慎重な長男と、よくわからないことでもとりあえず試してみる次男。こんな些細なことでもそれぞれの性格が見えるのもおもしろいです。

トイレは成長と性格を映す鏡、かな？

もっと余裕がほしいけど

さて、あらためて、九月末で育児休業期間が終わり、私は職場に復帰しました。朝は九時に私がトイレブラザーズを幼稚園に送って、そのまま電車で出社。うちの会社のデスクワークの始業は十時ですから、ちょうどいいスケジュールです。私が二人を幼稚園に送っていけば、妻は急いでメイクをしたり着替えたりする必要もなく、三男におっぱいを飲ませて寝かしつけたり、家の用事をすることができます。

ただ、ちょうどいい、というのは裏を返せば「余裕がない」ということでもあります。子どもがひとり、もしくは二人のときも、そのときなりに必死のパッチでしたが、今になって思えばやっぱり余裕がありました。私の出社時間が早ければ、妻が「じゃあ、私が送っていくわ」と言ってくれていました。もちろん今もそう言ってくれますけれど、声のトーンが違います。「え、明日、パパ早いの？　朝の登園ムリ？　絶対？　どうしても？　じゃあ、私が送っていくわ……」という感じ。そりゃそうです。お化粧もして、四ヵ月の乳児を抱えて五歳と三歳の手を引いていくのです。お化粧なんてしなくてもいいやん、マスクもするんやし、ママはノーメイクでもきれいやで、などと言ってみますが、妻のテンションは上がりません。

夕方も、定時に仕事を終えれば、帰宅してすぐに私が子どもと一緒にお風呂に入って、歯を磨いて、寝る前の本を読んで寝かしつけをすることができますが、ちょっと仕事が長引いたりすると、それを乳児の世話と同時進行で妻がやることになります。幸い、職場はそうした事情をすごく配慮してくれていますが、それでも取材となれば時間は取材先の都合に合わせることになりますし、十月末の衆議院選挙の際には、取材や開票特番のために深夜まで帰れないこともありました。

しかし考えてみれば、保育園に子どもを預けて働いている女性など、我々の比ではないパズルのような日々を過ごしているわけですよね。パズルのピースは子どもの送り迎えだけでなく、ご飯をつくる、洗濯をする、掃除をする、買い物に行くなど数えればきりがありません。

三十分早い出社、一時間の残業は、職場では「それだけのこと」ですが、その三十分、一時間のために、どれほどの調整が必要か、どれだけ家族のサポートを要するか。わかっていたつもりでもやっぱり軽く考えていたなぁと、職場復帰してからとりわけ強く感じます。

今こそだらだらしたい！

余裕って大事。最近、つくづく思います。

幼稚園に連れていったり、一緒に帰ったりするとき、子どもは前だけを見てスタスタと歩くなんてことは「絶対に」ありません。ダンゴムシを見つけてはつまみ上げ、ドングリを宝物のように集めていたかと思えば、ねぇ！　犬のウンチ落ちてる！　と丁寧な報告。そんなときに、私がそのあと乗らなきゃならない電車の時間が決まっていると、つい、この言葉が出てきてしまいます。

「いいから早く」

イヤな言葉です。言いたくないです。ほんのちょっとの余裕さえあれば、これを口にすることもないのです。ダンゴムシを手に「これは体の横に点々がついてるから、メスなんだよ」とうれしそうに教えてくれる長男とも付き合えるし、ドングリを手のひら一杯に集めた次男の誇らしげな顔を真正面から見ることもできます。それが、時間がない、いいから早く、というマインドだと、そんなコミュニケーションを全部、こっちから遮《さえぎ》ってしまう。本当にもったいない話です。

雨上がりのマンホールで足を滑らせてコケて号泣したとしても、気持ちに、時間に、余裕があれば、泣き止むまで抱っこして、それから手をつないで幼稚園まで一緒に歩けます。実は、こんなときに「いいから早く」モードで子どもに接すると、かえってグズグズと時間がかかってしまい、しかも子どもは機嫌が悪いまま、なんてこともあったりします。

頭ではわかっているんです。わかっているんだけど、時間が余裕を奪う。

もちろん、すべてにおいて鷹揚《おうよう》に構えていると、朝ご飯だけで一時間かかったり、着替えの時間が裸踊りの時間になったりして、いつまで経っても幼稚園にたどりつきませんから、緩急は大切です。それでも、大人に余裕がないと、どうも子どもにはバレるようです。

余裕は力。余裕は潤滑油《じゅんかつゆ》。

十月になって、ひとつうれしくない変化がありまして、それが三男のぞむの睡眠です。生後三ヵ月を過ぎたころに朝まで九時間も寝る奇跡が起こり、「この子は寝てくれる！」と我ら両親は小躍りしたのですが、最近はまた深夜に頻繁に目覚めて、おっぱいをほしがるようになりました。当然、妻は寝不足です。なまじ九時間睡眠の実績があるだけに、体力もさることながら精神的にキツいはずです。よそのおうちの赤ちゃんが、一度寝かしつけたら朝までぐっすり、なんて話を聞いたら、うらやましいを通り越して恨めしいくらいの気分です。

身体のことを考えたら、妻にはちょっとでも早く寝てほしいと思うのですが、子どもが寝てからその日の出来事を話す時間を「ごめん、疲れてるから寝るわ」と妻が省略することはめったにありません。

子どもの話はときにうれしい報告だったり、ときに愚痴《ぐち》だったりしますが、三十分、一時間、洗濯物をたたんだりしながらだらだらと話す時間を、妻は「こういう時間がないとあかんねん」と言います。最近は新しい「００７」の映画が公開された話から、じゃあ過去の作品を観るか、と動画配信で（三十分ずつに分けて、一作品に五日ぐらいかけて）映画を観て、こんな暇あったら早《は》よ寝たらええのにな私ら、と言いながら床に就きます。

そうなんです。子育て中の大人だってちょっとはだらだらしたいのです。気持ちの余裕って、案外そういう時間が生んでくれるのです。

子どもたちとの時間、自分の時間、夫婦の時間、それぞれにいい匙《さじ》加減で「だらだら」が混ざっているほうがいい。日常のスケジュールがタイトになった今こそ、わが家にはだらだらが必要です。がんばってだらだらします！　いや、がんばっちゃダメか。

離乳食はテキトーに

十一月の初旬に、それはもう本当に唐突に、わが家の車が壊れました。かれこれ十二年乗っている車なので、そろそろガタがきてるな、なんてサインがあってもよさそうなもんですが、なんの予兆もなくその瞬間はやってきました。

コロナ禍で夏の帰省をあきらめたわが家ですが、涼しくなるころには感染状況も落ち着いたので、帰省を兼ねて、私の郷里、岡山の神社で七五三詣《まい》りをしようということになりました。

五歳の長男たすくには、ご近所からいただいたおしゃれジャケット。三歳の次男さとるには、私が子どものころに着たブレザー（四十七年前！）。〇歳の三男のぞむのベビーカーも折りたたんで愛車に積み、意気揚々と家を出発した十分後、走行中の車がいきなりガクンと揺れて、異音とともに停止。え？　今なの？

いろいろ試しましたが、愛車が息を吹き返すことはなく、あえなくレッカー移動となりました。ロングドライブに備えて、ガソリン高いねぇとぼやきながら満タン給油した三分後のことでした。ガソリン代、返してくれ〜。まあ、家族が無事でよかったんですけど。壊れた車を安全に停めることや、車のディーラーへの連絡やレッカー車の手配などですっかり疲れてしまい、こりゃ帰省は無理だなと思っていたのですが、長男次男は「やったー！新幹線に乗れるぅ!!」と大喜び。子どもは元気。子どもは前向き。

三男を乗せたベビーカーを押し、はしゃぐ兄たちを連れて阪急、神戸市営地下鉄と乗り継ぎ、新神戸駅から新幹線で岡山に着いたときには、親二人はぐったりでした。

岡山での七五三が無事に終わったしばらくあとには、三男のぞむの離乳食が始まりました。土鍋でおかゆを炊き、先端に回転刃のついたドリルのようなマシーン（ブレンダーというらしいです）でつぶしたものを、はむはむとおいしそうに食べています。すりつぶした煮野菜を足したりするとさらにおいしく感じるのか、もっとほしい！　と口を開けて催促するような様子すら見せます。まずは順調な滑り出しです。

おっぱいだけで過ごしてきた日々から、食べ物を口にするようになるというのは生き物としても大きな転換だと思います。そのせいか、最近ののぞむはプップ、プップとよくおならをします。おかゆを食べるときに一緒に空気を飲み込んでしまうせいかもしれませんし、お腹のなかで革命が起こっているのかもしれませんが、自分のおならの音に「え？なんの音？」みたいな顔をしてキョトンとする三男のぞむ、それをおもしろがって「のんちゃん、おならした〜！」とゲラゲラ笑いながらおならダンスを始める長男次男、それに驚いて泣く三男、母に怒られる兄たち、という、意味のない、でも楽しい場面がちょいちょいあります。しかしまあ、ウンチ、オシッコ、おならが、長男次男は本当に好きです。まあ、自分も身に覚えがありますから、不思議ってわけでもないですが。

のぞむの離乳食は、誤解を恐れずに言えば、テキトーに始まりました。というのも、家族が食事をしている横に座らせていると、それをじっと見て、はむはむとタオルを噛みながらダラーっとよだれを垂らすようになったのです。

それを見て「なんか、食べたそうやね」「ぼちぼちかな？」という感じのスタートでした。もちろん生後五カ月を過ぎたところですから時期もちょうどよいのですが、生まれて五カ月経ったから、ではなく、「食べたそうだから」という始め方に、私は「母ちゃん、さすが三人目やな」と思ったりしています。

だって、一人目の赤ちゃんから、そろそろおっぱい以外のものをほしそうかな？　なんて、なんとなくわかる人は超能力者です。うちも長男のときは、目安とされる時期や先輩お母さんたちのアドバイスをもとに試したと記憶していますが、それとておそるおそるだったと思います。

それに自信がないときは、どうしても数字に頼りがちです。離乳食開始の目安は生後五カ月から半年、と書いてあると、「目安」という言葉はいつの間にか抜け落ちて、五カ月経ったその日が解禁日みたいな気分になってしまいます。初めての育児は、数字に振り回される日々でもありました。

数字なんて案外あてにならないと、今なら言えます。育休を取ったおかげといえばそうかもしれません。

たとえば同じ五キロの赤ちゃんでも、抱っこしてみるとフワッとしていたり、ムチムチしていたり、ガッチリしていたりします。首がすわっているかどうかとか、男の子と女の子の違いだったりとか、ちっちゃな手でしがみついてくるかどうかとか、いろんな要素で五キロの感じ方は変わるのだと思います。そんな小さな要素を足し合わせた結果が、抱き上げた瞬間の印象になります。そう考えると、「五キロ」なんて本当にただの数字です。

ちなみに次男がもっと小さいときに、十二月だから、冬になったからと暖かいパジャマを着せていたら全然寝なくて、あまりにも寝ないのでお医者さんに相談すると、「夜に汗かいてません？　この子は暑がりなんじゃないかな」と言われて、薄着に替えたらスヤスヤ寝る、なんてこともありました。目の前で子どもがダラダラ汗をかいているのに、「冬だから暖かくして」を疑わなかったのです。

アホみたいと思われるかもしれません、というかアホだったんですが、でもちゃんとしようと思うほど、目の前の情報を見落としてしまうってことが、どうもあるようです。

しんどくてうれしい、それが抱っこ

そうそう、さっき少し触れた「赤ちゃんのほうからしがみついてくる」というのは、たいへんうれしい変化です。

経験のある方はご存じのように、赤ちゃんは生まれてからしばらくは寝かせた状態で横抱きにします。三ヵ月くらいで首がすわり始めたら、だんだんと縦抱きできるようになりますが、それでも最初のうちは、赤ちゃんの頭を抱っこする大人の肩に乗せるようにして背中を軽く支えます。そのうち腰が少ししっかりしてくると、赤ちゃんが自分から顔を持ち上げて周りを見回すようになり、それとほぼ同時に、抱っこする側の服や首、腕のあたりをちっちゃな手でキュッとつかんでくるようになります。三男のぞむは今まさにこのタイミング。

なにがうれしいって、まず、抱っこが楽です。長男たすくが赤ちゃんのときには、初めての育児で抱っこに力が入りすぎていたんだと思いますが、肩は凝る、腰は痛い、ついには肘の関節が痛くて抱っこできなくなってしまい、整形外科に通ったりしました。ちなみに妻も同じ時期に手首の腱鞘炎《けんしょうえん》で苦労しました。初々《ういうい》しくもほろ苦い記憶です。

今はさすがに力が入りすぎて身体を痛めることはありませんが、新生児や首のすわっていない時期の赤ちゃんを抱っこするのは三人目でもやっぱりちょっと緊張します。すべてを委《ゆだ》ねられているようなものですから、かわいいね〜、だけでは済みませんし、「抱かれ心地」が悪ければすぐ泣きます。そう、抱っこって、責任を伴うぶん、けっこう難しいのです。

それが、赤ちゃんのほうからキュッと首に手を回してくれるようになると、抱っこする側の緊張度はちょっと下がります。同じ体重でも物理的にも精神的にもずいぶん軽く感じるのです。とはいえ、妻に言わせれば、成長したぶん、授乳のときのずっしりした重さはそんなに楽なものではないそうですが。

もうひとつのうれしさは、これはもう単純に、赤ちゃんがこちらを求めてくれるということそのものです。生後しばらくは、おっぱいを飲むという行為以外には親の存在を積極的に求めてくることはほとんどありません。顔をのぞき込んでもとくにリアクションしてくれるわけでもありません。それでも、もちろんかわいいんですけど、三カ月くらいになるとだんだんと表情の幅が広がってきて、あやすと笑顔を見せてくれたりして、なんだか育児のごほうびをもらったような気分になります。そして抱っこに対してしがみついてくるというのは、あれは本当に最高です。あの小さな手で、心臓をキュッとつかまれているような気分。

見返りがほしくて子どもたちに接しているわけではありませんが、成長の過程でときどきもらえるこんなごほうびにはうれしくなりますし、成長を数字ではなく、もっとリアルな手触りとして感じられる瞬間でもあります。

そう、**数字より手触り。**長男が生まれた直後の自分に伝えてやりたい気分です。

ちなみに、最近、ごほうびどころか強制的に抱っこを要求してくるのが次男さとるです。三男に親の目が向くのが不満なのか、このところ、全身から「ぼくを見て！」というオーラを出しているように思います。いや、オーラなどというふんわりしたものではなく、ママ来てー!! 抱っこーーーっ!! と水揚げされたマグロのように短い手足をバタバタさせて暴れます。少し前まで幼稚園までの十分ほどの道のりを全部歩けることを誇らしげにしていたのに、最近はちょっと歩くと「抱っこ！」。小柄とはいえ一四キロを超えた男の子の抱っこはけっこう腰にきます。頼む、歩いてくれ～。

とまあ、抱っこというのはうれしかったりしんどかったり。親のほうもそれなりに自分勝手だったりもするのです。

がけっぷちの日々
その一「車、壊れる」

前にも書いたように、わが家の車が壊れました。形あるもの、いつかは壊れるわけで、文句を言っても始まらないんですが、走ってるときに壊れるのは勘弁してほしかったなぁ。めっちゃくちゃ怖かったです。

とりあえずレッカー車でディーラーに運び込んだ数日後、修理代七〇万と言われ、夫婦そろって白目で天を仰ぎました。それから二人で相談して、十二年乗ったこと、おおよそ一〇万キロ乗ったこと、家族が増えて、いずれ少し大きな車に買い替えなくてはと思っていたことを考えて、修理して乗り続けることはあきらめ、新しい車を探すことにしました。

しかし、壊れたから乗り換えというのは当たり前と言えば当たり前なんですけど、傷ついた相棒を見捨てたようでちょっと居心地が悪いです。ありがとう、さよなら、ごめんね。なんかそんな歌があったような。

ちなみに新しい車をディーラーで見せてもらったとき、車内を見回して「あのぅ、CDはどこに入れるんですか？」と尋ねると、販売員の方が微笑んで、「少し前からもうCDのスロットはないんです。スマホをBluetoothで接続して、スマホ内にある音楽を再生するか、サブスク契約しているアプリで聴くか、ですね」と当たり前のように言われ、ちょっとした衝撃を受けました。そうですか、そういう時代ですか。

私が五歳くらいのときのわが家の車はダイハツの軽自動車。三六〇ccの二気筒二サイクルエンジン、エアコンはついておらず、坂道を上るときはもうもうと白煙を吐き出していました。車のカーオーディオは、つまみを回してチューニングするAMラジオと八トラカセットだったように記憶しています。それが今はスマホをBluetoothでサブスクですよ、みなさん。あ、そういえばその車にはAMラジオもついていませんでした。ひゃー。

車が壊れて、新しい車の購入を決めても、納車までのあいだは当然ながら車のない生活です。

そうはいっても都市部住まいなんだし、歩けないの？　とお思いの方。そうですよね。確かに私たち夫婦も、結婚を機に家探しをしたときには、駅からの距離は重視しました。

駅までは大人の足なら十分もかかりません。

そうなんです。「大人の足なら」です。大人が、スムーズに、トラブルなく歩けば、です。

でも、現実は違います。横断歩道は右も左も見ないで渡ろうとする三歳と、形だけブンブン右と左に首を振って、実はまるで安全確認していない五歳を連れて、○歳を抱っこ（もしくはおんぶ）して駅前のスーパーに買い物に行くというのは、ちょっとした修行です。声が枯れるほど「走らない！ 止まりなさい！」と叫び、ふぃーん！ と泣き始めた○歳のオムツをスーパーのトイレで交換し、お菓子はひとつだけだからね！ と手綱《たづな》を引き、重い牛乳をぶら下げて帰ったら、妻はそりゃもう疲労困憊《こんぱい》です。しかも前提として、常に寝不足なのです。

私の育休中には、大人のどちらかが買い物に行っていましたし、長男がもう少し大きくなれば、留守番もできるんでしょうけど、今はまだ上の子たちをうちに置いて出かけるのは不安です。子どもが三人となると、頼りの電動アシスト自転車（あれは坂の多いところに住むわが家にとってはノーベル賞モノの存在です）も、さすがに使える場面がかぎられます。

車がないあいだ、月単位のレンタカーの情報などを検索していた私などと違って、妻は「体操教室はさくまくんのママに送ってもらうわ」「水泳教室はこっちゃんのママが迎えに来てくれるって！」とたくましくご近所に頼らせてもらっています。こういうところ、本当に頭が下がります。

幼稚園の登園のときにさくまくんのママ（こちらも男の子三人のママなのです）に会ったので「いろいろ妻がお願いしたみたいで。ありがとうございます」とお礼を言ったら「いえいえ、私も先輩お母さんにいっぱい助けられたんで」とおっしゃいました。

なんて素敵なんでしょう。前にも書いたと思いますが、お世話になった人へのお礼も大切ですが、自分がやってもらってうれしかったこと、助かったと思ったことを、違う誰かに還元するって、広がりとかつながりがあって、本当にいいなぁと思います。いつか妻も、誰かのピンチを救う日がくるんでしょう。

ちなみに新しい車は「注文する」というより「在庫から選ぶ」というスピード購入でおよそ一カ月後に納車。カーナビがフリーズするとか、スピーカーから音が出ないとか、新車らしからぬ小さなトラブルを起こし続ける愉快な相棒として活躍中です。

その二「七カ月の三男、風邪をひく」

この冬は寒いですね。だからというわけでもないのですが、生後七カ月を過ぎた三男ののぞむが風邪をひきました。人は風邪をひくと鼻が詰まります。赤ちゃんも一緒ですが、ひとつ違うのは、赤ちゃんは自分で鼻を「チーン」とかむことはできません。

そんなわけで、鼻が詰まると赤ちゃんは不機嫌になります。大人でもなりますが。不機嫌になると抱っこを要求して泣きます。

妻は「泣き声が背骨に響く」と表現しますが、言い得て妙で（と感心している場合でもありませんが）、泣き声は親を揺さぶってきます。ソワソワと落ち着かない気持ちになります。抱っこしないといけない気分になるのです。長男次男はこないだまで泣いていた側だからなのか、三男がふんぎゃあーー！　と泣いても我関せずと遊び倒します。なんでしょう、赤ちゃんの泣き声は親だけが反応する周波数だったりするのでしょうか。

のぞむのオムツを替え、鼻水を吸い取り（いろんなグッズがあるのですよ）、振り返ったら長男次男はまだ遊んでいたりします。さっさと幼稚園に行くお着替えをしてほしいのに！　と親のソワソワはイライラに変わります。

　長男次男のおふざけレベルがいつもと同じでも、つい、いつもよりきつく当たってしまうことが正直あります。自分をコントロールできない弱さを棚に上げて言うのもアレですが、本当に子どもの風邪はやっかいです。

　親だってイライラしたくはないので、抱っこして機嫌をとる時間が長くなります。もう七カ月ののぞむは順調に大きくなっていて、長時間の抱っこは腰や肩にズーンときます。風邪をひいて鼻もかめないわけですから息苦しいでしょうし、離乳食も食べにくいのかあまりたくさん食べません。離乳食をあまり食べないと、すぐにお腹が空くのか夜中に目を覚ます間隔が短くなります。そのたびに目を覚まして授乳し、寝かしつける妻は疲弊《ひへい》します。いや、絵に描いたような悪循環。

　というわけで、〇歳児が風邪をひくと妻がげっそりするのです。いや、げっそりを身体が予感するのか、夜中にむくりと起き上がり「お腹が空いて寝られへん」とチョコクッキーを五枚も貪《むさぼ》り食い、翌日「お腹が痛い」と唸《うな》るなんてこともありました。

　アホかとお思いでしょうが、アホにならないと乗り越えられないこともあるんだと思います。何度でも言います。子どもの風邪は本当にやっかいです。

そんな日は、会社で仕事をしていると、そこそこの確率で私のスマホがぶるぶると連続して震えます。あ、これは、と、仕事が一段落したら席を離れて画面を見ます。妻からのメッセージです。

「もういやや」
「なにしても泣き止まへん」
「お兄ちゃんたちもぜんぜん言うこときかん」
「なんで私ばっかり！」

妻はとても明るくて、朗らかな女性ですが、こういうときには、前向きで責任感の強い性格が自分で自分の逃げ道をふさいでしまうのかもしれません。一生懸命三人の子どもたちの面倒をみようとして、ある一点で感情が決壊してしまうことがあります。

育休を経たことでよかったのは、こういうときの妻の置かれた状況が、曲がりなりにも想像できることです。

で、以前なら「縦抱きにすると鼻づまりも少しマシになるかもよ」「部屋を暗くしてみたらどうかな？」「抱え込みすぎたらあかんで。力抜いて」なんて言っていたわけですが、今思えば、どこのシロウト教育評論家やねんというアドバイスです。追い詰められている相方に、力抜け、なんて**神経逆なでのお手本。**力抜けるもんなら抜いてるわ！　って話です。

じゃあそんなときにどんな言葉が適切なのか。

わかりません（笑）。

それがわかれば、この世から夫婦ゲンカをなくした功績でノーベル賞かイグノーベル賞をもらえそうな気がします。ただ、「追い詰められた妻の支え方は、毎回正解が違う」「筋の通った正論は、案外相手をイライラさせる」という教訓は、みなさんと共有したいと思います。

行く道は遠く、険しく、楽しいのです。

その三「折れてますね」

それは一月の成人の日の連休のことでした。たっぷり雪が降ったので、子どもに雪遊びをさせてやろうと、新しい車で、一家でゲレンデに繰り出しました。雪玉をつくっては割ったり、雪だるまをつくったり、五歳も三歳も、確実に去年より上手に雪遊びをしていて、私たち親も、いやぁ、成長したね～、なんて悦《えつ》に入《い》っておりました。

二人がそり遊びをしたいと言うので、五〇〇円で借りられるレンタルそりを借りてきて、押してやったり、受け止めてやったり。二人は大はしゃぎです。そのうち天気が荒れてきたので、ぼちぼち帰ろうと、子どもと手をつないだら、右手の小指が痛い。いや、すごく痛い。

手袋を外したら、これは親指ですか？　という太さと、ゾンビ映画のゾンビみたいな紫の肌の色。え、いつの間に？　しかもどんどん痛くなる。まずいなぁ、やだなぁ、と季節外れの稲川淳二《いながわじゅんじ》のようにつぶやきながら、帰路に就いたのでした。

連休明け、出勤前に近くの整形外科に行って、レントゲンを撮ってもらったら……。

ドクター「折れてますね」

え。折れてる？　骨が？　本当に？　じゃあ、ギプスですか？

ドクター「この骨折は外からの固定だけでは治りにくいんです。ピンを埋め込む手術をすることをおすすめします」

しゅ、手術ですか。

ドクター「ええ、ワイヤーで骨を串刺《くしざ》しにして固定するんです。手術をしてもらえる病院の紹介状を書いておきますね」

ちょっとひどい捻挫《ねんざ》くらいに思っていたら、骨折でした。しかも、レントゲンで見るとわずかに「欠けた」くらいの骨折なのにというか、だからというか、ギプスで固定すればくっつくものではないのだそうです。

あとはもうお任せする以外ありません。近くの総合病院の整形外科を紹介され、日程が決まり、手術。局所麻酔でしっかり意識があるなかで、キュイーーンという音と振動とともに小指の骨にドリルで穴があけられる感覚はしっかり覚えています（そういうの苦手な人、ごめんなさい）。

でも、手術が終わって、骨が固定されてよかったね、おしまい、というわけにはいかないんです。骨を固定したワイヤーはひと月ちょっとしたら抜き取るのが前提なので、先端がピョンと飛び出しているんです。小指に釘が二本刺さっている感じというか、小指でフランケンシュタインごっこをやっている感じというか（そういうの苦手な人、本当にごめんなさい）。

そんなわけで手術してくれたチャーミングな女性ドクターからは、「ばい菌が入っちゃうと大ごとなので、絶対に濡らさないようにね。あと、最初のうちは一日おきくらいにかかりつけのお医者さんで消毒とガーゼの交換をしてもらってくださいね」との優しくも厳しいお言葉。ちょっとこれ、たいへんなんですけど。まあ、指に棒が刺さってるんだから当たり前か。

何度も書いているように、育休が終わってからの日々は、アクシデントひとつで崩壊しかねない綱渡りです。

仕事が早く終わって帰ってきたら長男次男と風呂に入り、のんびりお話をしたり、頭を洗ってやったりするのが役目でもあり楽しみでもあったのですが、これはいったいどうすればいいのでしょう。妻が三男を寝かしつけているあいだに洗い物をしたり、風呂掃除をしたり、できる範囲の家事をやっているわけですが、水仕事はどうすればいいんでしょう？　こんなビッグアクシデント、乗り越えられる？　いや、無理でしょ。

と、今のローテーションが唯一の方法と思い込むのは男の、あるいは私個人の傾向なのかもしれません。妻はちょっとやっかいそうにしつつも「洗い物はいいから、洗濯物をたたむのとか、手を濡らさないでできることをやって」と柔軟。そして右手をポリ袋で包んで入浴する父親を見て、長男たすくはさっさと自分でシャンプーを頭に塗りたくって洗い始め、なんでも長男のマネをする次男さとるも、へたくそながら石鹸でごしごし身体を洗うようになりました。

もちろん骨折生活は不便ですし、三人目が生まれ、私の育休も終わったわが家が常にいっぱいいっぱいなのも確かなのですが、子どもはなにかの拍子に（親の骨折とか）ひょいとこれまでやらなかったことをやるようになったり、寝不足の日々に「もう無理」と泣いていた妻が、じゃあこっちやって、とサラリと言ってくれたり、私が思い込んでいるよりずっとしなやかな強さを見せてくれています。

包帯にくるまれた小指で、**たくましく変わっていく家族**に置いていかれまいと必死な私なのでした。

とまあ、ここまでトラブルが続けば、さすがに神様も手加減してくれると思うでしょ？

ところが、ついにアレが、わが家に上がり込んできます。

そうです。コロナです。次節は、ちょっとたいへんです！

コロナがきた！

それは二〇二二年二月三日木曜日の朝でした。

ん？　喉《のど》が痛い。

前日の夜、床に就くときにちょっと引っかかるような違和感が喉にあり、嫌な予感がして夜中に何度か目が覚めたのですが、朝になって、違和感は痛みに変わっていました。

知人のあいだではよく風邪をひくことで知られる（うれしくないですが）私にとって、寝起きの喉の痛みは、しょっちゅうとは言わないまでもたまにあることでした。ただ、コロナ禍で常にマスクを着け、手洗いを励行《れいこう》し、建物に入るときも出るときもアルコール消毒を求められるこの二年ほどのあいだは風邪をひくことはなく、このタイミングでの喉の痛みにはちょっとソワソワします。

夜中にしょっちゅう目を覚ます三男の世話で細切れ睡眠の妻には少しでも寝ていてもらいたいので、最近の朝ご飯の担当は私です。この日の朝は、念のためマスクを着けて調理。でも、まあ、あくまで念のため、と自分に言い聞かせます。

いつものようにご飯とおみそ汁、オムレツ、ミニトマト。食卓を囲むときも、ご飯を口に運ぶときだけマスクをずらします。そうです、念のために。

三歳の次男は朝ご飯の後半、お腹が満たされてくると、「ご飯手伝って〜」と甘えてきます。お箸やスプーンで食事を口に入れてもらうと、うれしそうに食べるのです。でも、この日は「さとる、がんばって自分で食べなさい。食べられないなら残していいから」と、密接するのを避けました。これも念のため。

食後、もうひとつ念のために体温計を腋《わき》にはさむ。示された数字は三六・八度。平熱が三六・二度くらいの私にすればちょっと高い。それに、私はよく風邪をひきますが、熱を出すことがあまり、いやほとんどありません。

あれ、ちょっとこれ。

三男を抱っこして起きてきた妻に「喉が痛い。微熱がある」と伝えると、おでこに手をあてて、「いやぁ、私のほうが高いくらいやで。いつもの風邪ちゃう?」。楽観的なのか、悪い予感を打ち消しているのか。「うーん、俺も大丈夫やとは思うけど、いちおう、出社を遅らせて発熱外来で検査受けてくるわ。念のため」。

自治体のホームページで発熱外来をやっている病院を調べ、電話をして、車で向かいます。そういう行動をしているうちに、不安の輪郭がだんだん濃くなってきました。

病院の入口で、発熱していること、喉が痛いことを伝えると、別の入口に案内され、問診票に記入してしばらく待ち、名前を呼ばれて処置室に通されます。看護師さんが、では検査をしますね、と穏やかにひと言。鼻に長い綿棒を突っ込まれました。発熱外来が混雑していて検査もしてもらえない、などというニュースも耳にしていて不安だったのに、すんなり検査してもらえてちょっと拍子抜け。

結果が出るまで車のなかで待っていてください、と言われ、車に戻ります。なるほど、発熱していると暫定的に感染者として扱われるわけか。微熱のせいで悪寒がするので、地球には申し訳ないけどエンジンをかけて暖房をきかせ、家を出るときに郵便受けから取ってきた新聞を広げて結果を待ちます。

といえば、肝がすわって堂々としているようですけれど、じっさいはソワソワと落ち着かず、新聞の文字を目で追っても、なかなか頭に入ってきません。

一時間ほど待つと、携帯電話が震えました。看護師さんです。

「はい」

「西さんですね。検査の結果が出ましたので、担当医師からお伝えしますね」

あれ、お医者さんから、ってことは、あれれ？


嫌な予感。


「内科の担当医師の○○です。西さんの検査の結果ですが、新型コロナ陽性でした。症状は軽いようですし、年齢もまだ若くて基礎疾患《しっかん》もないですから、恐らくこのまま軽症で済むのではないかと思います。保健所から連絡があると思いますが、自宅で療養することになるでしょう。症状が出た日を○日目として十日間です。念のために薬を処方しておきます。症状が急変したら、またご連絡を……」

感染者が多い時期だからでしょうか、お医者さんも慣れた様子で説明してくれます。三割くらい覚悟していて七割戸惑っている頭で、それを聞きます。いや、聞いているようで聞いていなかったかもしれません。

電話が切れて、そうか、そうなんだなぁ、と事態をとりあえず受け止めたら、そのあと、頭のなかにいろんな思念がグルグル湧き上がってきました。俺、感染したんか。今、吐き出しているこの息にもウイルスが居るのか。この車のなかの空気は汚れてるってことなのか。消毒せなあかんのかな。あ、職場に連絡しなきゃ。昨日は症状は出てなかったし、ずっとマスクをしてたから、会社で誰かにうつしたりはしてない、はず。わかんないけど。しかし、どこで感染したんだろう。いや、考えても無駄か。世間から非難されるようなことはしていないよな。家族が変な目で見られたりしないよな。これから家でどんなふうに過ごせばいいんだろう……。

いろんな思いが交錯するなかで、ひとつの不安がどんどん膨らんできます。

「妻や子どもたちにうつしてないだろうか」

妻とは子どもが寝てから日々の出来事をいろいろ話していますし（当然、家のなかではマスクなんてしてません）、寝る前にはハグだってします。子どもとは毎朝、朝ご飯を一緒に食べています。お風呂だって一緒です。この日の朝はマスクを着けましたが、気休め程度としか思えません。

考えがまとまらないまま、とりあえず、妻に連絡します。


「陽性やったわ」

「え？　嘘？　ホンマに？」

「うん」

「なんで？　いつ？　どこでもらったん？　なんで？」

「わかんない。とりあえず帰る。このあとのことを相談しよう」


相談といっても、選択肢が多いわけではありません。私は自宅で家族と隔離して療養（どの部屋で？）子どもは濃厚接触者になるから、長男と次男は幼稚園を休まなくてはならない（いつまで？）妻のきょうさんも濃厚接触者だから、家から出られなくなる（ご飯はどうする？　買い物は？）。

いろいろ考えていると、車の窓ガラスの向こうに看護師さん。窓を開け、会計を済ませて、薬を受け取ります。もらったのは三種類。トローチと、イソジンうがい薬と、解熱剤のカロナール。世の中をこれだけ騒がせている病気なのに、もらった薬があまりにも普通なので、ちょっと笑いがこぼれて、少しだけ落ち着いた感じがしました。

帰宅すると、妻は物置のように使っている部屋の掃除をしていました。箱買いしたビールや、子どもが使わなくなって誰かにあげる予定のおもちゃや、三男が卒業したばかりのベビーバスなどを突っ込んである、文字通りの物置き部屋です。雑多に突っ込んでいるものを端に寄せたり重ねたりして、どうにか布団を敷けるスペースをつくって、家具に乗っている埃《ほこり》の拭き掃除をしていました。私が引きこもる部屋の準備をしてくれていたのです。掃除をしているあいだ、家の窓を開け、風を通していました。どんな効果があるかもわかりませんが、風を通したくなる気持ちはよくわかります。

戸惑いの大きい私より、妻のほうが一足早く覚悟を決めたようですが、その表情は固く、不安と緊張に包まれていて、目が合うと、弱々しくちょっと笑いました。

この当時の基準で、私の自宅療養期間は十日間、濃厚接触者の家族の自宅隔離期間は七日間。どれくらいの隔離なら十分なのか、ご飯は？　お風呂は？　トイレは？　消毒はどうやって？　家から出られない子どもたちになにをしてやればいいのか……。

戸惑いと、あきらめと、大きすぎる不安に飲み込まれそう、いや、飲み込まれ、溺れそうになりながら、わが家のコロナ療養生活が始まったのです。

コロナと家族とご近所と

発熱外来でコロナ陽性の判定を受け、帰宅すると、妻は覚悟と不安と戸惑いとあきらめを重ね合わせたような表情で、私が隔離生活を送る部屋の準備をしてくれていました。

私「謝るようなことをしたわけじゃないんだけど、ごめん。かかっちゃった」
妻「どこでもらったん？　心当たりは？」
私「知ってると思うけど、会食なんてまったくしてないし、感染していることがわかっている人と近づいたタイミングは……ないなぁ。マスクも基本的にずっと着けてるし、どこでもらったかはわかんないわ。というか、どこで感染したかより、これからどうするか考えないと」
妻「そんなん言われても、頭が追いつかへん」

それはそうだと思います。そういう自分だって、混乱しているというか、霞《かすみ》のかかった頭で、やっかいなことになったなぁ、と思っているだけで、思考が現実に追いついていないのは一緒です。

病院の会計のときに渡されたA4の一枚の紙には、十日間は家から出ない、家族と部屋を分ける、手洗い、消毒を徹底するなど、それなりに事細かに自宅療養のやり方が書かれていますが、どこか他人事のようでもあり、簡単に言うなよ、とちょっとムッとしたり、でもやるしかないよな、と思ったり。ぼーっとしていて具体的なことは考えられないのに、感情だけは右に左に流されるように変わります。

妻は言います。

「ただでさえのんちゃん(三男のぞむ)が全然寝てくれないから私は寝不足でヘロヘロだし、お兄ちゃんたちだってまだ五歳と三歳で、家のなかでずっとマスクを着けるなんてできない。なんにもトラブルなくてもいっぱいいっぱいやのに、家から出ないでコロナの隔離なんてできる気がしない。無理やわ」

無理と言ってもやるしかないやん……と言いそうになって言葉を飲み込みます。私だって、頭のなかでシミュレーションをしてみて、これは厳しい、と思っているからです。

これまで、トラブルがあっても、なにかネタを見つけて「おもしろがるようにがんばって」きました。乗っている車が故障したときは、冷汗たらたらの親を尻目に後部座席でスウスウと眠る次男が空気を和ませてくれましたし、私の指の骨が折れたときだって、折れちゃったものはしょうがない！　ねえ、針金で固定した傷口見る？　ラップでぐるぐる巻きにしたら濡らさずにお風呂入れたよ！　となんとかおもしろがってもらおうと（スベるのは覚悟のうえで）妙にハイテンションに折れた指を見せびらかしましたが、さすがにコロナ感染は笑えない。全然笑えません。

朝、喉の痛みを感じた時点で会社には出社を遅らせて検査を受けることを伝えていましたが、あらためて感染が確認されたことを連絡。仕事のピンチヒッターの手配をお願いすると同時に、濃厚接触者の有無を確認するために、過去数日の行動履歴を文章にまとめて送信。この事務的な作業をするうちに、ちょっと冷静になれたような気もします。

ほどなく会社からのメールで、仕事がらみで濃厚接触者と判断される人はいないと連絡があり、少し気持ちが軽くなりました。それでも、前日の夜、ラジオ番組で共演した方やスタッフに感染を広げていないかという不安が、シミのように心に残ります。

あとは幼稚園から帰ってきた子どもたちにわが家に起こっていることを伝えなくてはなりませんが、どう説明すればいいのか迷います。二人の顔を見て話しますが、そのときも、どれくらい距離をとればいいのか迷います。もう、迷ってばかりです。

「あのな、パパ、コロナっていうちょっと怖い病気にかかっちゃって、お熱があるねん。ほんで、この病気はほかの人にうつったらたいへんやから、パパはたすくやさとるとは離れとかなあかんねん。しばらくはご飯もお風呂も、ママと一緒や。パパはご飯はこっちの部屋でひとりで食べるし、お風呂もひとりで入るからね。

あと、たすくもさとるも、もしかしたらコロナのちっちゃいやつが身体のなかに入ってるかもしれんから、明日から幼稚園はお休みせなあかんねん。お外にも遊びに行けない。おうちでお絵描きしたり、ハサミの練習したりしよう。お絵描きの紙はいっぱい使っていいからね。テレビもたくさん見ていいよ」

「あした、幼稚園お休みして、あさっては行っていいの？」

「ううん、しばらく行けないねん。来週までおうちで待って、お熱が出たり、咳《せき》コンコンが出たりしなければ幼稚園に行ける。それまではママの言うことをちゃんと聞いて、おうちのなかで遊ぶんやで」

長男たすくは五歳の脳みそをフル回転させている顔つきで、全部ではないにしても、なんとなくは理解したようです。三歳のさとるは、よくわからないけれど、私の表情や話し方から「深刻ななにか」が起こっていることは感じたようで、神妙な、そして不安そうな顔をしています。

一通りのことを済ませて、「隔離部屋」にこもりました。喉の痛み、微熱、頭痛、倦怠《けんたい》感。倦怠感はウイルスのせいなのか、感染の心理的なショックで身体が重いのか、正直よくわかりませんが、悪寒がするので解熱剤を飲んで横になります。

これから、この部屋で十日。自分の症状については、ぼんやりとですが、そう大したことにはならないのではないかと感じていました。検査結果を伝えてくれたお医者さんが「若いし、基礎疾患もないですから、このまま軽症で経過するんじゃないかと思います」と言ってくれたのも影響していたかもしれません（それにしても五十歳はこの病気に対峙《たいじ》するときは「若い」んやな、と妙なことに感じ入ったりもしました）。うとうととして、部屋の前に食事を持ってきてもらって晩ご飯を済ませ、子どもたちが寝てから風呂に入りました。

普段はキッチンで洗い物をしたり、洗濯物をたたんだりと、できる家事は妻と手分けをしてやるのですが、この日からほとんどの家事は妻がひとりでやることになりました。私がやるのは風呂に入ったあと、浴室を洗うことくらい。

やんちゃな長男次男の面倒をみて、乳飲み子におっぱいを飲ませ、離乳食をつくって食べさせるだけでも二十四時間では足りないくらいなのに、分担していた仕事も全部妻が背負うことになって、彼女が潰れはしないか。自宅療養を始めるとき、いちばん不安なのはそのことでした。いっそ家庭内の隔離をやめて、感染を覚悟のうえで一緒に過ごそうか、いや、子どもの感染はできるかぎり避けなきゃ、できるだけのことをやるしかない……。

答えが出るわけでもなく、具体的な行動を思いつくでもなく、慣れない天井を見ながら眠りについたのでした。

「パパの身体のなかの鬼をやっつけるねん！」

私が発症したのは二月三日。節分でした。子どもたちが幼稚園でつくった鬼の仮面をかぶって、豆まきをするつもりでしたが、それどころではない状況になってしまいました。夜が明けて四日。案の定というか、リビングのほうからは「お願いだから言うこと聞いて！」と妻の大きな声が聞こえてきます。

責任感が強く真面目な彼女が、この状況をなんとか自分が支えなくてはと奮闘しつつ、早くも気持ちの余裕がなくなっていることが、声の調子から伝わってきます。でも、私は部屋から出られません。LINEにいろいろメッセージを打ち込んで、なんとか妻のストレスを和らげようと試みますが、扉一枚がこんなに分厚いとは。

もどかしさ、いらだち、虚無感。こんなもん、健康な人間でも病気になるわ！というのが隔離生活スタート時の実感です。

午後になって、テレビでも見ているのか、少し落ち着いた様子だな、と思って少しウトウト。目が覚めて携帯を見ると、妻からメッセージが入っていました。

「子どもたちが、パパが起きたら豆まきしたいって」

扉越しに「起きたよー」と声をかけ、マスクをつけて部屋の扉を少し開けると、青や緑の色画用紙でつくった鬼のお面をつけ、豆を入れた枡《ます》を持った長男と次男が満面の笑みで「鬼はー外ーー！」と豆をぶつけてきました。一日遅れの豆まき。楽しそうな子どもの顔に、ジワジワと涙が出てきました。

そして長男が「パパの身体のなかの鬼をやっつけるねん！」と言ってさらに豆を投げてきたところで、涙腺が決壊。うん、がんばるからね。がんばらせてごめんね。

余裕がないなかで、こんな準備をちゃんとしてくれていた妻に、何度も何度もありがとうを言いました。

スープと画用紙がわが家を救う

子どもたちがしばらく休むことを幼稚園に連絡したり、ご近所にお伝えしたり、SNSに書き込んだりしたことで、私の新型コロナ感染は周囲の知るところとなりました。するとと、多くの人が、メールで、LINEで、SNSで「困ったことがあったら力になるから言ってね」とおっしゃってくれました。じっさい、そのまま食べられるように調理した食事を差し入れてくれた会社の先輩、レトルトのスープを送ってくれた妻の友人、お店で出している料理を簡易包装して送ってくれた知り合いのフレンチのシェフ……どれも本当にありがたかったです。涙が出るほど、というより本当に涙を流しながらいただきました。

それと、家のなかで子どもたちのエネルギーが有り余るだろうからと、幼稚園の同級生が室内用のトランポリンを貸してくれたり、ママ友や私の友人が、画用紙や色紙、模造紙、塗り絵、粘土、パズルなどを差し入れてくれたりしました。これがどれだけ子どもたちの生活を支えてくれたか。

まさに、人はパンのみにて生きるにあらず、です。普段は「テレビはもうおしまいよ～」「お絵描きの紙は大切に使いなさいよ」と言われている子どもたちにしてみれば、夢のようだったかもしれません。ただただ、感謝感謝です。

私はというと、狭い部屋で一生懸命、開き直ろうとしていました。この際だからと、読みたくても時間がなくて読めなかった本を読んだり、埃をかぶっていた独身時代に集めたステレオ機器をつなぎなおして、めったに聴かないアナログレコードを聴いたり。本は集中力が続かず、時間が有り余っているわりにはあまり読めませんでしたが、音楽は気分転換になりました。それもアナログレコードをジャケットから取り出し、埃を拭いて、レコード針を落として音楽を鳴らす、という作業がよかったのかもしれません。若い方はご存じないかもしれませんが、アナログレコードはアルバムを収録しているLP盤でも二十分少々で片面の再生が終わってしまうので、針を上げ、レコード盤をひっくり返してB面にしてまた針を落とさないと、続きを聴けないのです。手を動かす、手間をかける、じっとしない。そういうことだったのかな。

小指を骨折してワイヤーで固定したままの感染だったので、消毒したりガーゼを換えたりというめんどくさいことをひとりでやらなくてはなりませんでしたが、それも気を紛らわせることにはつながったかもしれません。ちなみに、市の保健所からこの日（二月四日）、携帯にショートメッセージで「自宅療養のお知らせ」が届きました。

友人、知人、親戚からの差し入れとアナログレコードがあれば隔離生活もニコニコ乗り越えられるかというと、もちろんというか、残念ながらというか、そう生易しいものではありません。五歳長男と三歳次男が状況を理解しておとなしくしてくれるはずもなく、どちらが先にオムレツにケチャップをかけるかでケンカを始め、自分でアンパンマンふりかけの袋を開けようとして中身を床にぶちまけ、勘弁してよと親がヨーグルトのフタを開けたら自分で開けたかった！　もとに戻して！　と無茶苦茶なわがままを言い、まあ、早い話がいつも通りのことをいつも通りにやってくれるわけですが、そのひとつひとつが、自宅にこもりっぱなしで疲れ果てた妻の神経を削り、ときに爆発させます。

扉越しに妻が子どもを叱る声を聞くのは、その扉を開けられない私にとっては相当キツいことでした。

大人が二人いれば、たしなめる、慰める、話を聞く、と役割を分担して子どものしつけをしつつ、親もストレスを逃がしてやり過ごすことができますが、ひとりですべてを受け止めようとすると、感情がしなやかさを失ってしまいます。普段なら叱らないようなことで声を荒らげてしまう妻もつらかったでしょう。

それでも、差し入れをしてくれたり連絡をくれたりしたみなさんの支えがなければ、自宅療養や家庭内隔離など到底無理だっただろうと思います。何度か妻の感情が爆発することはありましたが、差し入れてもらった料理や食材は買い物に行けないわが家を支えてくれましたし、私の食事には、いただいた紙皿や紙コップを使うことで、キッチンでの妻の負荷を減らすことができました。子どもたちはいただいた電車のパズルを、ピースの位置を覚えるほどやり込み、色画用紙を贅沢に使ってダイナミックに絵を描き散らしました。電話やSNSで励ましのメッセージをくれた人は数えきれないほどです。

大げさに言えば、わが家は周囲のみなさんのおかげで、どうにかこうにか隔離期間の「基本パターン」を見つけることができたように思います。

そして家族みんなが……

私がコロナ感染した時期は、感染者は十日間の自宅療養、濃厚接触者である家族は「感染者と離れて生活するようになった日を〇日目として、七日間の隔離生活」をしなくてはならないことになっていました。妻や子どもたちは一週間どうにかがんばれば、外の空気を吸い、幼稚園にも行けるようになるのです。私はA4のコピー用紙に簡単なカレンダーを書き、隔離解除日に赤い丸をつけて壁に貼って、日に何度も何度も確認していました。

私が感染したのが当時流行のど真ん中だったオミクロン株だと仮定すると、感染から発症までの期間がそれまでのデルタ株などと比べると短く、平均で三日間ほどだということだったので、隔離生活が三日を過ぎたあたりで、妻とは「どうにか家庭内感染は防げたのでは」と家のなかでＬＩＮＥでやりとりしていました。妻は三男の妊娠中にひいた風邪から副鼻腔炎《ふくびくうえん》が慢性化していたのがこの過酷な生活で悪化してしまったようで、鼻が詰まり、痛み、かなりつらそうですが、隔離生活の出口が見えたことを励みにがんばっていました。

ところが、隔離生活六日目。同じ家のなかで、妻から電話が鳴りました。


「たすくが咳してる。喉も痛いって」


翌日には熱も出てきました。隔離生活六日目。あと一日で隔離解除。おかしい。そんなはずはない。もう平均的な潜伏期間は過ぎているのに。こんなにがんばって隔離しているのに。

このころの妻とのＬＩＮＥのやりとりを読み返すと、

「きっと空気が乾燥してるから咳してるんやわ」

「がんばっていい子にしてるから、知恵熱出たんちゃうかな」

と、「コロナ」を認めたくない気持ちがあふれています。しかし、残念ながらたすくの熱は下がらず、翌日には、

「のぞむも熱い。発熱してるわ」

さすがにこうなると、家庭内感染を疑わざるをえません。このときの妻のうなだれ方は尋常ではありませんでした。それでもいちおう家庭内で隔離生活を続けていて部屋にこもっている私に、電話口で、ここまでがんばったのはなんやったの、と涙を流していました。

さらにその翌日、妻が子どもたちを連れて発熱外来を受診し、長男たすくと三男のぞむのコロナ陽性が確認されました。さらに、副鼻腔炎が悪化し、体調の悪い妻も検査を受けたところ、陽性でした。

病院から帰ってきた妻は、空気が抜けたような表情で、「あかんかったわ」とひと言。

次男は発熱していないので検査は受けませんでしたが、なにせ五人家族の四人まで感染しているわけですから、無症状のまま感染していても不思議ではありません。夫婦で話し合って、次男だけを隔離するのも意味がないという結論に達し、家のなかでの隔離をやめることにしました。久しぶりに隔離部屋を出て、リビングに行って、あらためて妻と対面。なんと言っていいのかちょっと考えて、

「ただいま」

と言いました。妻は、

「おかえり」

と言って、顔をくしゃくしゃにして、しんどかったよう、寂しかったよう、と子どものように大きな声で泣きました。気丈にふるまうことの多い妻がいかに追い詰められていたか、そのときあらためて悟《さと》ったのでした。

コロナ禍とご近所の偉大さ

子どもたちの感染、発熱で、隔離解除までのカウントダウンはゼロからやり直しとなり、さらに十日間、家から出られない生活が続きましたが、幸い子どもたちの熱が速やかに下がったことと、家のなかで離れて暮らすという、ある意味で異常なことをしなくて済むようになったため、療養期間前半ほどのストレスはなかったように思います。家のなかで携帯電話を使って連絡を取り合う不思議な状況もなくなり、子どもたちと一緒にご飯を食べ、一緒にお風呂に入るようになりました。

三男のぞむは、私が部屋にこもっているあいだに生後八カ月を過ぎ、つかまり立ちができるようになっていました。ほどなく、私は発症から十日の自宅療養期間を終え、皮肉なことに家族でいちばん早く外に出られる身になりました。といっても家族を支えなくてはなりませんから、職場に頼んで少し休みをもらいました。

日中は自宅で一緒に過ごし、子どもが寝たあとの深夜に、ゴミ出しのついでに近所のスーパーまで歩いて、缶チューハイを買ってきて飲む。これだけのことがすごい解放感をもたらしてくれました。ああ、帰ってきた、という感じ。感染してから初めて外に出たときは、妙にコソコソ、オドオドしてましたが。別に悪いことをしていないのに、妙に卑屈になってしまうのも、当時のコロナのキツいところだったように思います。

結局十六日間、わが家のコロナ生活は続きました。

妻と子どもたちが外に出られるようになった日は、特別なことをしたわけではありませんでした。しいて言えば、家のとなりのいつもの公園ではなく、大きな滑り台とシーソーのある、少し離れた公園に連れていったくらい。長男たすくと次男さとるも、なにか特別な瞬間のような表情を見せるわけでもなく、いつものように楽しそうに遊んでいました。それを眺める親のほうが、その、いつもと同じような様子に、ホッとしたり、ジーンとしたりしていたのでした。

妻は、療養中に支えてもらったご近所さんや友人、知人、遠方の親戚にお礼の連絡やお菓子の配送の手配。妻のこういう義理堅いところ、ご縁を大切にするところには本当に頭が下がります。彼女のこういう性格、習い性がなかったら、（くどいようですけど）私たちのコロナ生活はもっと孤独で厳しいものになっていたと思います。

その後、息子の幼稚園の友だちの家でも感染がわかったり、私の会社の同僚も相次いで感染したりと、この時期は過去にくらべてコロナウイルスが「そこらじゅうにいる」という感覚が強くありました。長男の仲良しのさくまくんのお宅も、わが家の少しあとに家庭内で感染が広がり、同じように自宅療養をしていました。もちろん、いろいろと差し入れをしました。うちと同じ男の子三人という親近感もあって、もともと家族ぐるみのお付き合いですが、両ファミリーの感染後は、なんだか戦友のような気分です。まさに、**困ったときはお互い様**です。

妻も私も、「困ったことがあったら助けてもらおう」と思ってご近所付き合いをしているわけではありません（当たり前）。それに、ご近所や仲間が感染したと聞いたときになにかしらサポートしようと思うのは「前になにかしてもらったから」「義理があるから」というものでもありません。

普段は幼稚園から一緒に帰ったり、体操服のおさがりをもらったりというお付き合いが、実は思っていたよりももっと大きくて、しなやかで、温かくて、泣きそうに強い関係なんだと、コロナ禍で気づかされたように思います。そして、コロナ禍に支えてもらって、支えて、という経験は、その関係をより太くしたようにも思います。

あ、こんなふうにまとめると「いい経験」と総括されそうですけど、絶対に、本当に、なにがなんでも、感染も自宅療養も家庭内隔離も二度とゴメンですから！

育休で得た、ささやかななにか

一家でのコロナ感染から約半年、わが家の三男のぞむが一歳になりました。妻からの「お腹痛い」という電話で会社を早退し、そのまま出産、そのまま育休に突入したあの日から一年が過ぎ、ふにゃふにゃの〇歳児だったのぞむは一歳になり、五十歳だった私は五十一歳になりました。

うひゃあ、早い！　と感じる一方で、育児休業のあいだも含めていろんな出来事があり、たくさんの新しい体験をした日々を振り返ると、ずいぶん長い時間が経ったようにも感じます。年を重ねるごとに時間が経つのが早くなるとは、年配の人からよく聞くことではありますが、この一年はそう簡単なものでもない気がします。

のぞむはどんなふうに感じているでしょうね。人生の最初の一年をどんなふうに感じているのか、聞きだす方法があれば聞いてみたいと、ちょっと思ってみたり。

のぞむは元気にすくすく育っています。体重や身長はほぼ平均。

思い起こせば、長男たすくと次男さとるは、生まれてしばらくすると誕生時に生えていたフワフワとした髪の毛がいったん抜けてかわいらしい坊主頭になりました。長男のときは「え、抜けるの？」とびっくりしましたが、先輩お父さんお母さんに「そういうもんやで」と言われてソワソワしながら待っていたら、その後、少し癖のある少年らしい太い髪の毛が生えてきました。

最近、似顔絵が上手になってきたたすくは、自分の頭にはグリグリと黒いクレヨンで髪の毛を書きますが、私の頭には三本ほど短い線を描くだけです。抜けたら生えない五十過ぎの大人にはもう少し気を遣うべきだと、今後教え込む予定です。

のぞむは生まれたときの髪の毛がそのまま伸びていて、兄ちゃんたちとは違うサラサラヘア。最近は前髪が目にかかる長さになったので、妻が頭のてっぺんでちょんまげやお団子に結うことが多く、ときどき女の子に間違われます。切ればいいのに、と私が言うと、妻は「せっかくサラサラにまっすぐ伸びてるんやもん。もったいないやん。一歳になったら切るわ」なんて言っていましたが、一歳を過ぎた今も、なんだかんだと言って散髪しようとしません。ひょっとしたらひとりくらいは女の子を育ててみたかったのかもな、なんて感じもします。妻は決してそうは言いませんが。

元気にすくすく、とはいうものの、コロナ感染前後から一歳までの四カ月ほどのあいだは、わりとたいへんな日々が続きました。

まず、順調だった離乳食を急に嫌がるようになったこと。おかゆとか、野菜を柔らかく煮たものとかをモグモグとおいしそうに食べていたのに、二月に家族みんなでコロナに感染し、回復したあとは、あまり食べたがるそぶりを見せません。おっぱいはたくさん飲んでいるので、やせたり元気がなくなったりということはないのですが、いくら用意しても食べてくれない毎日に、妻は心配したり落胆したりです。いずれ食べるんだから、と大きく構えればいいと頭でわかっていても、用意したご飯を口に運んでプイっとされるとやはり落ち込みます。

長男次男のときは離乳食も順調で、あまり食事について心配したことがなかったので、余計にモヤモヤします。ひょっとして〇歳児でも味覚障害の後遺症が残ることもあるのだろうかと、考えても仕方のないことを考えて、あらためてコロナを恨めしく思ったりもします。

これまでにも何度か書きましたが、わが家の経験によると、おっぱいがメインのあいだは、ご飯ほど腹持ちがよくないせいもあるのか、夜もあまり連続して眠ってくれません。二時間もすると、うにゃあと目を覚まし、おっぱいを求めます。ママへの執着《しゅうちゃく》も強くなったようで、腕枕を抜くと目を覚ましたり、その延長なのか、起きているあいだも、キッチンに立つ妻の脚にしがみついて離さなかったり、姿が見えなくなると激しく泣いたり。最近、よちよち歩きが高速よちよち歩きに進化し、自分の意志でスムーズに移動できるようになって、ママがトイレに入るだけで号泣、というシーンはちょっとずつ減っているようにも思いますが、まあ一筋縄ではいきません。

言葉は、ママ、マンマのほかに、電車を見ると「ゴーゴー」。幼児用マグでお茶を飲むときは「カンカン！」と言って乾杯をやりたがります。親バカですが、めちゃくちゃかわいいです。それにしてもキミ、いつパパって言うつもりなんだ？

長男たすくは幼稚園の年長組に進み、次男さとるは年少組に入園しました。

たすくはもうすぐ六歳。つい一カ月ほど前から、下の前歯の乳歯が抜けていないのに、その下から永久歯がぐいぐいと出てきていて、歯並びのために乳歯を抜くべきかどうか家族会議をしたりしています（近所の二つの歯医者さんで意見が違うのです）。永久歯、という響きに、あらためてお兄ちゃんになったなぁと思います。

鏡文字交じりのひらがなが書けるようになり、簡単な漢字も見様見真似《みようみまね》で書きます。ブロック遊びやパズルなど、ひとりで根気よく黙々と遊ぶことも多く、集中力があるほうなのかな、と思う一方で、おもちゃを独り占めしようとしたり、自分のお菓子を人にあげるのを渋ったりと、ちょっとわがままな面が見え隠れ。根気強く言い聞かせようと思っています。

それでも幼稚園では「たけしたさくまくん」という仲良しができて、家族ぐるみのお付き合いをさせてもらっています。たけした家も男三兄弟なので、さくまくんのお母さんとうちの妻はしばしば戦友のようにしみじみと語り合い、支えあっています。

次男さとるは、どちらかというと小柄ですが、それでもこの一年でずいぶんお兄ちゃんになりました。くるくると動く大きな目と、小さな身体からは想像できないくらい大きな声で、いつも元気いっぱい。

自転車に乗れるようになったお兄ちゃんの後ろを、地面を蹴って進むペダルのない自転車のような「ストライダー」に乗って、負けないスピードで追いかけます。ちなみに幼稚園の入園式のあと、公園でストライダーに乗っていて転倒し、手の親指を骨折しました。私も一月にスキー場で小指を骨折したばかり。そんなところで親を見習わなくていいのに。

お話も大好き。ねえねえ、寝てるあいだに屋根がなくなったらどうする？　ねえねえ、プラレールが五〇〇キロで走ったらどうする？　ねえねえ、アリさんが、こーーんなに大きかったらどうする？　と返答に困る「どうする？」を毎日大量生産してくれます。

同じラムネ菓子をたすくとさとるに買ってやると、たすくは大切にとっておいてチビチビとひとりで食べますが、さとるは、パパあげる！　ママにもあげる！　と大盤振る舞いであっという間に空っぽにして、とくに気にする様子もありません。身体は小さいけれど気は大きいのです。

とまあ基本的にはとってもご陽気なさとるですが、妻や私がのぞむの世話で手一杯になって、自分に目線が向いていないのを感じると、猛烈なかんしゃくを起こすことがあります。ご機嫌なご飯の途中で急に「ご飯食べさせて!!」と大声で泣き出したり、歯磨きを拒否して泣きながらジタバタしたり。

もう三歳なんだから自分のことは自分でやりなさい、という対応は今のところ逆効果。

なにせ（たぶん）構ってほしいわけですから、正論をぶつけても満足もしないし、納得もしません。そりゃそうなんですが、いつでもさとるの望むように構ってあげられる余裕がないのが三兄弟ファミリーのつらいところ。抱きしめてやりたい気持ちと、ごめん、頼む、成長してくれ、という気持ちが交錯する父ちゃん母ちゃんなのです。

妻は、たくましくなりました。とくに家族でのコロナ感染のあと、もともと社交的な妻のご近所との絆はさらに強く、深く、広くなりました。市民プールに行くにも習い事に子どもを連れていくにも家族単位で動くことの多かったわが家が、最近はほかのご家族を誘ったり、連れていってもらったり、お兄ちゃんだけを預かってもらったり、預かったり。

もちろん、お兄ちゃんたちがそれぞれ大きくなったから、ということもありますが、なんというか、家族の絆は強いままだけど、壁は薄くなって、地域に家族が溶け込んでいっているような感じです。のぞむの後追いの強烈さと、口をへの字にして離乳食を拒む姿にときどき心が折れそうになることはありますが、妻がつくり上げたこの風通しのよさに、わが家は救われているように思います。

私自身は、どうなんでしょう。成長したのかな。よくわかりません。妻とはときどきロゲンカもするし、その理由は、言い方がキツいとか、あとから考えたらケンカするだけ損、というレベル。ここまでの文章を読み返すと、何度も同じようなことを書いていて、相変わらずだなぁと思います。

家族ごとコロナに感染したというのは強烈な経験でしたが、自分の内面を大きく変えたかというと、そうでもないような気もします。ただ、去年の夏の育休以降、妻との「子育てタッグ」は強くなっていると思いますし、下手なりにご飯をつくったり、掃除をしたり、幼稚園の持ち物の用意をしたりするなかで「今、家族の困りごとはなにか」ということへのセンサーは、ちょっとだけ磨かれたかもしれません。

仕事を終えて帰宅して、一日中、家事と育児に追われ、疲れ果てて洗濯物の山に手を付けられないで座り込んでいる妻がいたら、以前の私なら、その洗濯物をてきぱきと片づけることが、まず解決すべき困りごと、と判断していたはずです。でも、今そんな様子を見たら、まずは冷えたビールとノンアルコールビールで一杯やりながらその日あったことを話すことのほうが、優先順位が高いと判断するような気がします。それから二人して、どうでもいい話をしながら、子どもたちの小さなパンツや、いくら洗っても落ちない泥汚れのついた靴下をたたむと思います。

そして、そんな時間がもてるようになったことが、育休のいちばん大きな収穫なんじゃないか。そんなふうに思う今日このごろなのです。

おわりに

最後までお読みいただき、ありがとうございます。

男性が育休を取ることは、今やそんなに珍しくはありませんし、少子化の時代とはいえ、子どもが三人いるご家庭も珍しくないでしょう。さらにいえば、三人目が生まれたら家庭での親の負担が一時的にせよ増えるだろうから、ちょっと会社を休む制度を利用する、というのは、まあそんなに不自然な流れでもありません。

ですから、私が育児のために会社を休むことは、社会的には取り立ててスペシャルな出来事というわけではありませんけど、やっぱり私個人にとってはとってもスペシャルな日々でした。加えて、育休が終わったすぐあとに骨折したり、一家でコロナにかかったり、そもそも私が父親になったのがわりとおじさんになってからだったりと、いろんなエッセンスが加わって、ちょっとデコボコした日々にはなりました。

アナウンサーという仕事を三十年近くやってきた者としては、個人的とはいえ、スペシャルな出来事が起こったらみんなに知ってほしいというのは、もう職業的本能のようなものでした。「おわりに」まで読んでいただけて、本当にありがたいです。

コロナも骨折も、わが家にとってはたいへんな出来事でしたけど、コラムに書いていくうちにちょっと楽になるような感覚がありました。しんどくても楽しんでもらえたらまあオッケー、という感じは、岡山生まれの私が関西になじんできた証拠かもしれません。

先日、ひとつうれしいことがありました。後輩の男性アナウンサーが、二人目のお子さんの誕生にあたって育児休業を取得したいと申し出てきたのです。一年と少し前に、上司に相談してハンコをもらって育休を取った私は、実はこの夏に所属する部署の管理職になってしまい、部下の相談に乗り、ハンコをおす立場になりました。

管理職になるとアナウンサーとして現場に出る機会が減ってしまうので、個人的にはそんなにうれしいことではないのですが、「西さん、育休って、取ってみてどうでした?」と聞かれるのは、上司としてというよりは先輩として、育休経験者として、とてもうれしい出来事です。

この本は「育休のススメ」ではないと、「はじめに」に偉そうに書いた私ですが、後輩の相談には「ええやん。育休な、たいへんやけどおもろいで」と答えたのでした。

職場での立場はどうなる？　収入は減るの？　どれくらい？　仲間に迷惑をかけないだろうか。職場に戻るとき、居場所はあるだろうか……。自分で育休を取ると決めたくせに、私は本当に「おそるおそる」でした。

でも、「おそるおそる」ということは、裏を返せば、この歳になって初めての経験をたくさんできるということです。じっさい、育休の日々はとっても新鮮でした。

五十歳になって、夏休みの子どもたちと毎日セミ捕りができるなんて。幼稚園の帰り道、手をつないで一緒に歌を歌えるなんて。なかなかトイレでオシッコができない二歳児の心の中の葛藤と、こんなにじっくり向き合えるなんて。日々育児家事に奮闘する妻のそばにいられて、ときどきケンカしながらも、たくさん「ありがとう」と言い合えるなんて。

ひょっとしたら、休んでいるあいだに、仕事の上でのチャンスを逃しているのかもしれませんが、おそるおそる取った育休のあいだに得たものの大きさを振り返って思えば、どうってことありません。強がりでもなんでもなく、本当に、どうだっていいのです。

コラムの連載と書籍化を許していただいたミシマ社の三島邦弘さん、編集を担当いただき、誤字脱字誤変換だらけの文章を整えてくださった角智春さん、本当にありがとうございます。

会社に行かない生活だった育休のあいだ、曜日の感覚が希薄になるような感じがありましたが、目の前の家事育児に取り組み続ける日々のなかで、この本のもとになっている連載の原稿を週一回、ミシマ社に送るというのは、一週間の区切りにもなりました。そのために、ちょっと夜更《よふ》かししてキーボードに向かっていたのは、貴重な自分時間でもありました。幼稚園の保護者友だちから、幼稚園のお迎えのときに、読みましたよ！　なんて声をかけていただいたのも、うれしい出来事でした。

育休のあいだの仕事をサポートしてくれた毎日放送のアナウンサーの仲間のみんな、番組のスタッフにも感謝。育休取得の相談に乗ってくれて、私に合うプランを考えてくれた会社の担当部署にも、この場を借りてお礼をさせてください。

幼稚園のお迎えのときにおどおどしていた私に声をかけ、輪に入れてくださった保護者仲間のみなさん、妻の戦友でいてくれるお母さんたち、名前は書ききれませんが、みなさんとのつながりで、わが家はなんとかやってます。

家族でコロナにかかったとき、心のこもった差し入れをくださった近くの方、遠くの方、みなさんに救われました。ありがとうございます。

「おわりに」を書いている今、ありがとうを言いたい人が尽きないことが、育休を取って過ごした時間が本当に豊かだったんだなと、実感させてくれます。

そして最後に。ベタですけど、私に生きがいとやりがいと経験と安らぎをあたえてくれる妻のきょうさん、長男のたすく、次男のさとる、三男ののぞむに、心からの感謝を書き添えて、筆を置きたいと思います。

子どもたち、大きくなったら、この本読んでくれよな！

二〇二二年十二月

西靖

本書は、「みんなのミシマガジン」（mishimaga.com）に「昭和生まれ、アナウンサー西靖の育休日記」と題して、二〇二一年六月から二〇二二年八月まで連載されたものに加筆・修正し、書き下ろしを加えたものです。

西 靖（にし・やすし）

1971年岡山県生まれ。毎日放送（MBS）アナウンサー。大阪大学法学部卒業後、1994年にMBS入社。情報エンターテインメント番組「ちちんぷいぷい」メインパーソナリティ（2006～2016年）、報道番組「VOICE」（2014～2019年）、「ミント！」（2019～2021年）のキャスターを務める。現在はMBSアナウンスセンター長。相愛大学客員教授。著書に『西靖の60日間世界一周旅の軌跡』（ぴあ）、『辺境ラジオ』（内田樹・名越康文との共著、140B）、『地球を一周！ せかいのこども』（朝日新聞出版）、『聞き手・西靖、道なき道をおもしろく。』（140B）。

おそるおそる育休

2023年2月23日 初版第1刷発行

著　者　**西 靖**
発行者　三島邦弘
発行所　（株）ミシマ社
〒152-0035　東京都目黒区自由が丘2-6-13
電　話　03（3724）5616／FAX　03（3724）5618
e-mail　hatena@mishimasha.com
URL　http://www.mishimasha.com/
振　替　00160-1-372976

装丁　佐藤亜沙美
装画・挿画　神保賢志
印刷・製本　（株）シナノ
組版　（有）エヴリ・シンク

ISBN 978-4-909394-82-8